Felix Poppenberg

Zacharias Werner

Mystik und Romantik in den Söhnen de Tals

Felix Poppenberg

Zacharias Werner
Mystik und Romantik in den Söhnen de Tals

ISBN/EAN: 9783744610124

Hergestellt in Europa, USA, Kanada, Australien, Japan

Cover: Foto ©Thomas Meinert / pixelio.de

Weitere Bücher finden Sie auf **www.hansebooks.com**

BERLINER BEITRÄGE
ZUR
GERMANISCHEN UND ROMANISCHEN PHILOLOGIE
VERÖFFENTLICHT VON DR. EMIL EBERING.

GERMANISCHE ABTEILUNG No. 2.

ZACHARIAS WERNER.

MYSTIK UND ROMANTIK

IN DEN

„SÖHNEN DES THALS."

VON

DR. FELIX POPPENBERG.

BERLIN 1893.
C. VOGT'S VERLAG.

C. Vogt's Buchdruckerei, Berlin, Linkstrasse 16.

Inhalt.

	Seite
Einleitung	1
Aufklärung und Romantik	3

Spalding, Nicolai, Teller, Bahrdt. — Hamann, Herder, Lavater, die Göttinger, Jung-Stilling. — Proklamierung des neuen Kunstevangeliums durch die Schlegel, Novalis, Wackenroder und Tieck. Schleiermachers Reden über die Religion.

Zacharias Werner 12

Der Schüler der Romantik. Charakter Werners. Komplexion religiöser und fleischlicher Triebe. Mystischerotische Richtung seiner Poesie. Sein religiöses System. Verkündigung durch

die Söhne des Thals 22

I. Theil: Quellen. Analyse. Die mystischen Astralisscenen der II. Auflage.
II. Theil: Summarium. Mysterien des Thals. Phosphoruslegende. Krankheits- und Todessinnlichkeit. Schwelgen in Blut und Wunden.

Exkurs über die erotische Mystik in der deutschen Litteratur. 50

Religion, Wollust und Grausamkeit bei Spee, Balde, Angelus Silesius. Die Herrenhuterlyrik und der Kultus des Seitenhöhlchens.
Novalis: Sexuelle Todesverherrlichung. Psychologischer Unterschied zu Werner. Abendmahlserotik. Sünde und Versöhnung.
Fr. Schlegel. Adam Müller. Goethe. Hebbel.

Aeussere Geschichte der Söhne des Thals. 62

Kunstlehre der Romantik. Vereinigung der Gattungen. Musik und Lyrik. Stimmungsmalerei. Wilh. Schlegels Definition des romantischen Dramas. Tiecks Genoveva. Werner auch formal Lehrling der Romantik in den Thalsöhnen: Musikalisches, Chorscenen, Wechsel der Formen. — Komposition. Charaktere. Sprache. Ordensrequisiten. — Uebersetzung. Aufnahme. Ein anonymer Nachahmer Werners. Theatergeschichte des Stücks.

Schlusswort. 80

Einleitung.

Frau von Staël sagt über Werner[1], es habe den Anschein, als wolle er „propager un système mystique de religion et de l'amour à l'aide de l'art dramatique, et que ses tragédies sont le moyen dont il se sert plutôt que le but qu'il se propose."
Von diesem Gesichtspunkt, dass die dramatische Behandlung gewisser Stoffe nicht Werners Endzweck, dass sie ihm stets nur Mittel zu einer Verkündigung seiner mystischen Systeme war, dass man in Werners Dramen Manifestationen romantischer Ideen, wiedergespiegelt in einer seltsamen Persönlichkeit, und so zugleich ein Stück Geistes- aber auch Krankheitsgeschichte der Romantik zu sehen hat, ist der merkwürdige Dramatiker bisher nicht betrachtet worden. Die äussere Physiognomie seiner Werke hat man geschildert, von ihrem Inhalt aber sich kopfschüttelnd abgewandt. So mag es gerechtfertigt erscheinen, dass im Folgenden die Seele der Wernerschen Produktion eingehender analysirt ist als ihr Körper.

Um dies zu können, wird es zunächst nötig sein, die leitenden Ideen der romantischen Bewegung und ihrer Vorboten, an die Werner anknüpfte, hier aufzuzeigen.

---

[1] De l'Allemagne. Chap. XXIV.

Die Aufklärung im 18. Jahrhundert mündete, weit ab von der wahren Aufklärungslehre Lessings[1]), dem in der „Erziehung des Menschengeschlechts" verkündeten „neuen ewigen Evangelium", in gemüts- und phantasiefeindlicher Nüchternheit. Die Unterdrückung des Gemüts wurde zunächst nur auf dem Gebiete des Glaubens versucht.

Spaldings „Gedanken über den Wert der Gefühle im Christentum" (1761) stellten den „gesunden Menschenverstand" über die Phantasie. Nüchtern sprach er von der „Nutzbarkeit des Predigtamtes." Ueber den Nützlichkeitsdrang (auch durch Campe vertreten, der den Erfinder des Spinnrades dem Homer vorzog[2])) vergass man die Bedürfnisse des Herzens. Die Predigt ist einem solchen Nützlichkeitsfanatiker, wie ihn uns Nicolai im „Sebaldus Nothanker" (1773—1776) darstellt, „ein unschädliches Hilfsmittel, eine nützliche Wahrheit einzuprägen", wenn es sich auch um nichts Höheres handelt, als um das Frühaufstehen der bäu-

---

[1]) Den Aufklärern, die Lessings Person für ihre Sache in Anspruch nahmen, wehrt nach den Xenien vor allem Fichtes Schrift: „Nicolais Leben und sonderbare Meinungen." (Mit Vorwort von A. W. Schlegel.) Tübingen 1801; ferner Friedrich Schlegel in der Charakteristik Lessings und dem Sonett (1801): „Lessings Worte" (W. IX p. 17):
„Es wird das neue Evangelium kommen!
So sagte Lessing, doch die blöde Rotte
Gewahrte nicht der aufgeschlossnen Pforte.
Und dennoch, was der Teure vorgenommen,
Im Denken, Forschen, Streiten, Ernst und Spotte,
Ist nichts so teuer, wie die wen'gen Worte."
[2]) Hagenbach, Kirchengeschichte. Lpz. 1871 VI p. 297.

rischen Gemeinde, ihren Ackerbau und ihre Viehzucht [1]). Die
alten Kirchenlieder wurden durch verflachte, zeitgemässere
ersetzt, die es in der Niedrigkeit so weit bringen, wie folgende
Reimerei:
> Des Leibes warten und ihn nähren
> Das ist, o Schöpfer, meine Pflicht,
> Durch eigne Schuld ihn zu zerstören
> Verbietet mir dein Unterricht [2]).

Der platte Rationalismus gipfelte, nachdem schon Abraham
Teller in seinem „Wörterbuche über das N. T." die Bibel ent-
stellt hatte, in der dreisten Neologie Bahrdts, der die „Neuesten
Offenbarungen Gottes" verkündete und dabei nicht selten so
dachte, wie ihn dann Goethe sprechen liess: „So redt ich, wenn
ich Christus wär."

Doch es genügte der Aufklärung nicht, die Religion, die
sie zu einer Zuchtmeisterin der Moral gemacht und der sie die
edelste Aufgabe, das Gemüt des Menschen zu erheben, entzogen
hatte, allein in ihrem Sinne zu reformiren, sie griff mit täppischen
Händen auch nach der Poesie.

Das Kompendium dieses allzu gesund sich dünkenden
Menschenverstandes ward die Allgemeine deutsche Bibliothek
(1765—1806). Nicht nur Orthodoxie und Pietismus, nein alles,
was sich über das Mass enger Schulweisheit erhob, wurde in
den Staub gezogen. „Was du mit Händen nicht greifst, das
scheint dir Blinden ein Unding" konnten die Xenien mit Recht
sagen. Im Bewusstsein der gemeinsamen Gefahr erhoben sich
alle, die Religion und Poesie als Sache des Gemüts empfanden
und im Bekenntnis „Gefühl ist alles" sich einten, mochte
immerhin die Gottesauffassung der Einzelnen eine ganz ver-
schiedene sein.

Ideen der Romantik hören wir in dieser Reaktion schon
vorklingen. Hamann ruft in seiner Aesthetica in nuce (1762),

---

[1]) „Sebaldus Nothanker" II, p. 266.
[2]) In dem jetzt beseitigten Baseler Gesangbuch von 1809. Hagenbach, a. a. O. p. 300.

der leidenschaftlich hingewühlten „Rhapsodie in Kabbalistischer Prosa"[1]), den „Leviten der neuesten Aufklärung", die ihn „besessenen Samaritaner schelten werden in ihrem Herzen"[2]), zu: „Wagt euch nicht in die Metaphysik der schönen Künste, ohne in den Orgien und Eleusinischen Geheimnissen vollendet zu sein. Die Sinne aber sind Ceres und Bacchus die Leidenschaften — alte Pflegeltern der schönen Natur"[3]).

Herders, seines Schülers, Rede gegen die Nützlichkeitstheorien in den „Provinzialblättern an Prediger" (1774)[4]) ist Eifer und Feuer. Sein Wehe ertönt gegen den „wohlgemeinten Tugendantidogmatismus und Antisymbolismus." Dithyrambisches Stammeln, ein γλώσσαις λαλεῖν, verkündet die Priester als „Eiferer um die Ehre Gottes, Aufmunterer, Tröster, Angewehte des Geistes"[5]), und mahnt: „nicht grübeln und vernünfteln; erleuchtet, erwärmt, wiedergeboren werden und neu sein"[6]). Und wie später Wilhelm Schlegel nennt Herder höchste Poesie: „Theologie", „Flammen schöpfen aus heiligem Feuer", „Ferner Nachhall und Nachklang der Offenbarung"[7]). Der dritte in ihrer Reihe, Lavater, giebt sich schwärmerischer Christuspassion hin. Die Göttingerdichter, gläubige Jünger des Theologen (im Herderschen Sinne) Klopstock, treiben Gefühlskultus und finden in der „Wonne der Thränen"[8])höchste Lust. Sie vermeiden dabei nicht die Gefahr des der Aufklärung entgegengesetzten Extrems und stürzen sich mit ausgebreiteten Armen in das Meer pietistischen Empfindungsüberschwanges. Man berauscht sich am Hohenlied, in Millers „Siegwart" (1776) vibrirt durch das Tagebuch der Sophie die

---

[1]) Der „Kreuzzüge des Philologen" IX. Stück. Werke, Berlin 1821 II. B.
[2]) Ibd. p. 266.
[3]) a. a. O. p. 268.
[4]) S. W. (Suphan) Bd. VII, p. 225. — [5]) Ibd. p. 233. — [6]) Ibd. p. 268. — [7]) Ibd. p. 300.
[8]) Ueber „the joy of grief", die Lust des Schmerzes, als Charakteristikum der Empfindsamkeit cf. Schopenhauer (Reclamsche Ausg.) I, p. 508.

Idee der „seelischen Brautschaft"[1]), auch Goethe lässt in den „Bekenntnissen einer schönen Seele" diese innerlich zum Kreuz gebracht werden durch einen „Zug, demjenigen völlig gleich, wodurch unsere Seele zu einem abwesenden Geliebten geführt wird"[2]).

Dies „süsse Sicheinschwärmeln", um ein Wort Stolbergs über Lavater zu gebrauchen[3]), nahm die Formen des Katholicismus in dem Kreise der Fürstin Gallitzin zu Münster an, durch die ja Fritz Stolberg, einst „Centaur der poetischen Wälder", zum Unfreien ward, ein bedeutsames Vorbild der kommenden Konvertitenperiode.

In anderen wieder ist das Visionäre mächtig. Dem inneren Schauen Swedenborgs nacheifernd, der des Paracelsus und Jacob Böhmes Anschauungen vom Jenseits, vor allem die Idee des Astralkörpers[4]) sich zu eigen gemacht hatte, pochten Oetinger und Jung-Stilling an die Pforten des Geisterreichs, Vorläufer Kerners, Heinrichs von Schubert.

Sturm und Drang der Bewegung, die, um es noch einmal zu wiederholen, Reaktion des Gefühls gegen verflachende Aufklärung bedeutete und sich am impulsivsten in den erwähnten Schriften Hamanns und Herders äusserte, war verrauscht, als eine neue Generation, die Gründer der romantischen Schule auf den Plan traten und, das Erbe ihrer Vorgänger ausbauend, dem platten Alltagsverstande gegenüber, der zumal in Berlin in Ehren grau geworden war, eine neue, selbstherrliche Weltanschauung revolutionsfroh proklamirten. Ein Sehnen nach etwas Neuem, Grossem, einem Wunderbaren, das sich über den

---

[1]) Siegwart, II. A. Lpz. 1777. II. B. p. 401—474. Vgl. Erich Schmidt, Richardson, Rousseau und Goethe. Jena 1875. p. 308.

[2]) Wilhelm Meisters Lehrjahre VI. B. Werke (Hempel) XVII, p. 372.

[3]) Begeisterter Brief an Claudius über Lavater. Deutsches Museum 1776 p. 42.

[4]) Kiesewetter, Gesch. des neueren Occultismus. Lpz. Cap. VI und VII.

irdischen Tagesstaub zur Sonne aufschwingt, ein heisses Begehren, an ein Unendliches sich hinzugeben, tiefstes und vollstes Bewusstsein zu erlangen war über sie gekommen. Das Religiöse fängt wieder an in der Litteratur eine grosse Rolle zu spielen. Vor allem aber handelt es sich um zweierlei: dass nicht die Religion zur Zuchtmeisterin der Pflicht herabsinke, was ja bei den Geistesgenossen Nothankers und bei den Nutzbarkeitstheoretikern der Fall war, sollte sie ganz von der Moral getrennt werden; ferner wollte man, dies wird zum Hauptcharakteristikum der Schule, eine Herdersche Idee fortbildend, Religion und Kunst amalgamiren. Durch Religion sollte die Kunst tiefsinniger und ahndevoller werden, durch Kunst die Religion empfindungsreicher, schönseliger. Die Stimmungen, aus der dieser Bund der Kirche, der neuen, unsichtbaren, mit den Künsten geboren ist, verdichtet uns ein Brief Heinrich Steffens' an Karoline Schlegel vom 17. Juli 1799[1]. Er schwärmt von den „grossen, hellen, blauen Augen" der sixtinischen Madonna, „die eine Unendlichkeit abspiegeln. Alles was ich je gefühlt und geahndet hatte, alle die unbestimmten Bilder, die, eingehüllt in trüben Nebel, meiner Seele vorschwebten, das ganze bunte Gewimmel meines inneren Lebens strahlte mir verherrlicht aus diesen Augen entgegen. Was ich fühlte, nenne ich Andacht, wahre religiöse Andacht, Anbetung, weil ich sonst kein Wort weiss." — Und weiterhin: „uns engte von allen Seiten das Notwendige ein. Müde von den ewigen Bestrebungen, uns durch den rohen Stoff hindurchzukämpfen, eine neue Welt aus dem Chaos hervorzurufen und für uns zu schaffen, suchten wir einen andern Weg dem Unendlichen entgegenzueilen, welchem wir, mit der rohen Masse belästigt, nur langsam entgegengehen könnten. Wir gingen in uns zurück und schufen eine andere Welt, in welcher ätherische, schwebende, schnell entstehende, schnell verschwindende Wesen uns die Spuren des Weges be-

---

[1] Waitz, Caroline u. ihre Freunde. 1882, p. 71, 72.

zeichneten, denen wir im Fluge vorbei eilten. So entstand hohe Dichtung, so, indem man sich einer andern auf einmal unendlich vieles ausdrückenden Sprache bediente, die Kunst, so überhaupt das Romantische. Aber was ist es anders als ein Sehnen nach dem Unendlichen?" — Religion und Kunst ist eines nur, erklingt nun am Ausgang des Jahrhunderts die Parole in Jena und in Berlin. Hier, mitten im Herd der Aufklärung, lehrte Wackenroder, diese weiche, sensitive Natur, in seinen mit Tieck, der dann im „Sternbald" (1798) einen Kunstkatholicismus verkündete, gemeinsam herausgegebenen „Herzensergiessungen eines kunstliebenden Klosterbruders" (1797): das einzige Gefühl der Kunst gegenüber sei Andacht, die aus dem Gemüt überströmt, aus dem Herzen sich ergiesst. Aus dem Zusammenfluss von Kunst und Religion kommt, „was nur noch in wenigen Herzen wie ein schwaches Lämpchen flimmert," der Enthusiasmus[1]).

In Jena hatte Fichte die Allfähigkeit des Menschengeistes gepredigt, eine Religion für Künstler, in der die Welt ein durch Schöpferkraft des Menschen erzeugtes Kunstwerk ist, Schelling dann Kunst, Wissenschaft und Religion als Emanationen des Absoluten, Kunst besonders als endliche Darstellung des Unendlichen verkündet. An diesen Offenbarungen genährt, konnten die Jenaer Romantiker mit um so höherem Schwunge das neue Evangelium ausgehen lassen. Im Athenaeum finden wir seine Reflexe. Friedrich Schlegel und Novalis treten als Hierophanten auf. Jener in seinem Aufsatz „über die Philosophie. An Dorothea"[2]), in den „Jdeen"[3]), in den „Gesprächen über die Poesie"[4]); dieser in den „Blütenstaub"[5]) betitelten Aphorismen.

Friedrich Schlegel bleibt nicht bei der Kunstandacht des

---

[1]) Ueber Wackenroder vgl. neuestens Wölfflin in den „Studien zur Litteraturgeschichte" Hamburg 1893.
[2]) Athenaeum II, 1. — [3]) Ibd. III, 1. — [4]) Ibd. III, 1. — [5]) Ibd. II, 1.

Klosterbruders stehen, er, der Nachbar Schellings will Unendlichkeitsandacht. Genau formulirt er die Gefühlsreligion. Er könne das Wort „Religion" ohne Scheu dafür brauchen, sagt er zu Dorothea, „Du wirst und kannst es nicht missverstehn, da du die Sache selbst hast und den äusseren Tand, den man wohl auch so nennt, gar nicht hast" [1].

„Nur das kann für Religion gelten, wenn man göttlich denkt und dichtet und lebt, wenn man voll von Gott ist, wenn ein Hauch von Andacht und Begeisterung über unser ganzes Sein ausgegossen ist" [2]; hierzu kann man nur durch Versenken in die Idee des Universums, durch „Beziehung aufs Unendliche" gelangen [3]. Eine Definition des Universums, dieses Unendlichen, giebt es nicht, im Geiste des Goethischen „Wenn ihrs nicht fühlt, ihr werdets nicht erjagen" heisst es: „man kann es weder erklären noch begreifen, nur anschauen und offenbaren" [4].

Wer so empfindet, der hat auch Religion: „sie wird ihn überall umfliessen, wie sein Element, und dieses leichte Chaos von göttlichen Gedanken und Gefühlen nennen wir Enthusiasmus" [5]. Und „wer Religion hat, wird Poesie reden" [6]. Diese Poesie aber, die neue Kunst, so heisst es in den „Gesprächen über die Poesie", muss einen Mittelpunkt haben, eine neue Mythologie, „aus der tiefsten Tiefe des Geistes herausgebildet, das künstlichste aller Kunstwerke, denn es soll alle andern umfassen, ein neues Bette und Gefäss für den alten, ewigen Urquell der Poesie" [7]. „Was ist jede schöne Mythologie anders als ein hieroglyphischer Ausdruck der umgebenden Natur in dieser Verklärung von Fantasie und Liebe?" [8] Hier wird also schon das Einheitsprincip und die symbolisirende Tendenz der Romantiker angekündigt. „Das Höchste kann man eben, weil es unaussprechlich ist, nur allegorisch sagen" [9].

---

[1] Athenaeum II, 1. p. 12. — [2] Ibd. II, 1. p. 14. — [3] Ib d. III, 1. p. 17. — [4] Ibd. III, 1. p. 32. — [5] Ibd. III, 1. p. 7. — [6] Ibd. III, 1. p. 0. — [7] Ibd. III, 1. p. 88. — [8] Ibd. III, 1. p. 101. — [9] Ibd. III, 1. p. 107.

So fasste später auch Friedrichs Bruder August Wilhelm die Poesie mit Boccaccio „als irdische Hülle und körperliche Einkleidung der unsichtbaren Dinge" auf und nannte Calderon und Dante „Theologen" [1]).

In solchem Sinne wird denn hier der höchste Beruf des Dichters als ein theologischer proklamirt und von Schlegel und Novalis sein Priestertum gelehrt.

Für die Religion ist ein Mittler nötig [2]), ein Mittler ist aber „derjenige, der Göttliches in sich wahrnimmt und sich selbst vernichtend Preis giebt, um dieses Göttliche zu verkündigen. Jeder Künstler ist Mittler" [3]).

Bei all diesen Aphorismen über Versenken ins Universum, Andacht und Enthusiasmus, Hingabe und Opferung, die eine messianische Erfüllung vom Bund der Religion mit der Kunst erhoffen, kann man, wie Adam Müller es einmal von den Fragmenten des Novalis gesagt hat [4]), „von einer Sehnsucht zusammenzufliessen", einem geheimen inneren Zug zu einem Ganzen sich zusammenzufügen reden.

Dies schuf ihnen Schleiermacher in den „Reden über die Religion an die Gebildeten unter ihren Verächtern" (1799). Ein höchst ästhetischer Kunstglaube, tiefsinnig und tief innerlich, wurde hier gepredigt, den sich jeder, der nur ein poetisch empfängliches Gemüt hatte, mochte er über Gott, Christentum und Kirche denken wie er wollte, wohl gefallen lassen konnte.

Das Wesen der Religion wird völlig von Metaphysik und Moral, vom Denken und Handeln getrennt [5]), das Gemüt ist wie

---

[1]) Vorlesungen über schöne Litteratur und Kunst, ed. Minor (Seuffert 17-19) III, p. 193.
[2]) Novalis, Blütenstaub, Athen. I, 1. p. 91.
[3]) Fr. Schlegel, Ideen, Athen. III, 1. p. 11.
[4]) Ad. Müller, Vorles. über dtsch. Wissensch. u. Litteratur. Dresden 1807 p. 73.
[5]) II. Rede „Über das Wesen der Religion".

der Sitz so auch die nächste Welt der Religion[1]. Unendlichkeit, Ganzheit sind ihre Schlagworte, „immer strebe zum Ganzen" ihre Forderung. „Aus zwei Elementen besteht das religiöse Leben; dass der Mensch sich hingebe dem Universum und sich erregen lasse von der Seite desselben, die es ihm eben zugewendet, und dann, dass er diese Berührung, die als solche und in ihrer Bestimmtheit ein einzelnes Gefühl ist, nach innen zu fortpflanze und in die innere Einheit seines Lebens und Seins aufnehme; und das religöse Leben ist nichts anderes als die beständige Erneuerung dieses Verfahrens"[2]. „Aber der ganze Umfang der Religionen ist ein unendliches und nicht unter einer einzelnen Form, sondern nur unter dem Inbegriff aller zu fassen"[3], und so wird nicht von Gott, sondern vom Weltgeist gesprochen. In dieser Religion der Allheit, des Aufgehens, kann höchstes Glück der Erdenkinder nicht die Persönlichkeit sein. Die Sehnsucht nach ihrer Unsterblichkeit ist „irreligiös"[4]. Durch die Anschauung des Universums sollen wir unmittelbar mit ihm eins werden und uns aus der eigenen Wesenheit nichts machen; ihre individuelle Fortdauer zu verlangen, ist Zeichen des Egoismus, der den Gedanken nicht fassen kann, dass das Individuum nur ein kleiner Teil des Ganzen sei, dem der Tod die einzige Gelegenheit gebe, aus seiner Enge herauszutreten, die Endlichkeit zu überwinden und ins All zu kehren. Der Egoismus ist aber die Sünde gegen den heiligen Geist. Mitten in der Endlichkeit eins werden mit dem Unendlichen ist wahre Unsterblichkeit. Dann klagt er über die Religionslosigkeit der Kunst seiner Zeit und spricht den Wunsch aus „auschauen zu können, wie der Kunstsinn für sich allein übergeht in Religion"[5]. „Religion und Kunst stehen nebeneinander, wie zwei befreundete Seelen, die ihrer Verwandtschaft, obgleich sie sie ahnen, noch unbewusst sind"[6]. So ist auch hier der Schluss: Einheit von Religion und Kunst, künstlerische Religion, religiöse Kunst.

---

[1] — [4] II. Rede „Ueber das Wesen der Religion".
[5] Reden über die Religion I. A. p. 166.
[6] Ibd. III. Rede. „Ueber die Bildung zur Religion."

Verständnisvoll sind alle diese Tendenzen reflektirt in dem Buch der Frau von Staël „De l'Allemagne". In dem Abschnitt „La religion et l'enthousiasme ¹) finden wir sie alle wieder, „les émotions religieuses", „le sentiment de l'infini", „l'universalité dans la manière de sentir et de concevoir la religion", „le froid mortel de l'égoïsme" und seinen Gegensatz „la jouissance du dévouement", die aus dem Enthusiasmus („dieu en nous") quillt.

Die Verkündigung der neuen Kunst, des neuen Glaubens, ihrer All- und Einheit durch die Romantiker konnte kaum in ihrer nächsten Umgebung einen gläubigeren, empfänglicheren Jünger als den, der Schule persönlich fernstehenden Zacharias Werner finden. Die historische Bedeutung seines ersten dramatischen Werkes „Die Söhne des Thales" ²) liegt darin, dass es in dichterischer Einkleidung die theosophischen Ideen zeigt, deren theoretische Aufstellung soeben skizzirt ist, die psychologische darin, dass sie sich hier in einer bizarren, dem Erforscher seelischer Irrgänge höchst interessanten Persönlichkeit spiegeln.

Von seiner Mutter — den Vater, der Professor der Geschichte und Beredsamkeit an der Universität zu Königsberg in Preussen war, verlor er schon als vierzehnjähriger Knabe 1782 — der „reinen, herrlichen Kunstseele und Märtyrerin" ³) hatte er die glühend lebhafte Einbildungskraft und die Keime religiöser Exaltation empfangen. Denn wenn auch der Wahnsinn der Mutter, sie sei die Jungfrau Maria und der Sohn Christus, nicht so früh schon, wie E. Th. A. Hoffmann in seiner höchst interessanten Charakteristik Werners ⁴) behauptet, eingetreten ist, so

---

¹) De l'Allemagne, L. IV, Chap. 1.
²) Berlin bei Sander, I. Teil. 1803; II. T. 1804.
³) Brief an Hitzig. In dessen „Lebensabriss Fr. L. Z. Werners" Berl. 1823, p. 61.
⁴) E. Th. A. Hoffmann: Die Serapionsbrüder, Berl. 1821. IV. B. p. 247; früher schon hatte Hoffmann andeutend davon gesprochen: Fantasiestücke. II. Aufl. Bamberg 1819. I. B. p. 260.

muss die Frau, die in solchen Fieberphantasien starb, doch gewiss schon immer eine sinnlich-übersinnlich erhitzte Phantasie gehabt haben. Mit dem ererbten und anerzogenen religiös-mystischen Bedürfnis gatteten sich unbändige Triebe und Lüste, so dass sich Werner uns als das Nachbild des Goethischen Satyros darstellt, der „alldurchdringend, alldurchdrungen" pantheistisch schwärmt und dann wieder in tierischer Begehrlichkeit dem Weibe nachstellt. Aus jener seltsamen Komplexion religiöser und fleischlicher Triebe resultirt die abstossende und doch wieder, wie alle Nachtseiten, zur Untersuchung ihres Wesens lockende mystisch-erotische Richtung in Werners Poesie, über die Karoline Herder einmal bezeichnend sagt: „Er (Z. W.) besitzt die Kunst, auf der Laute der Empfindung zu spielen, und führt uns unvermerkt zu einer kranken Empfindung von Heilands- und Begattungliebe" [1]. Und wie hier die Hauptfaktoren seines Wesens zwei Gegensätze sind, so ist auch der Generalnenner seines ganzen Charakters der Kontrast. Verlangend nach Reinheit, erfüllt von hohen Liebesideen, mit dem Hang zu den niedrigsten Ausschweifungen, glühendem Lehr- und Bekehrtrieb, der Sehnsucht der jungen aufwachsenden Generation ein Erzieher zu werden, mitzuarbeiten an der Vollendung der Menschheit und selbst haltlos, schwach, schwankend, ein Rohr im Winde — „weisen Wollens, wilden Handelns", so stellt er sich uns dar. Und E. Th. A. Hoffmanns litteratur- und menschenkundiger Hund Berganza mit seinem schönen schwarzen Fell und seinem tiefen Hass gegen alles Bunte hat nicht Unrecht, den armen Werner einen „gesprenkelten Charakter" zu nennen [2]. Den Mann des Gegensatzes hatte die Natur, gewissermassen vordeutend, schon äusserlich gekennzeichnet: „fast burlesk" nennt er selbst einmal [3] den Kontrast zwischen der in ihm „rasenden

---

[1] Düntzer, Zwei Bekehrte. Lpz. 1873, p. 118.
[2] Fantasiestücke in Callots Manier, II. A. Bamberg 1819. I, p. 255-261.
[3] Unvollendeter Brief an Varnhagen (ihm persönlich Sommer 1806 in Berlin übergeben). Handschriftlich K. Bibliothek zu Berlin.

Wildheit" und seiner „äusseren schafartigen Erscheinung."
Zacharias Werner war lang, dürr, etwas schlottrig in seinem
Gange, ungelenk in allen seinen Bewegungen, „sein mageres Gesicht und seine gewaltige Nase erschien fast zurückschreckend" [1]).
Das Bild, das „in seinem 32. Jahre gezeichnet" ihn in Tempelherrntracht zeigt und ein Andenken an die Warschauer Zeit für
Hitzig war [2]), hat weibische und weichliche Züge. Unzertrennlich
blieb er von der „ungeheuren Tabaksdose" und den „blaugewürfelten, geschickt an ostpreussisches Gewebe, wie es zu Unterröcken und anderen nützlichen Dingen üblich, erinnernden"
Schnupftüchern [3]). Seine Unreinlichkeit gab er selbst zu. [4])

Werners Frühzeit [5]) bietet nicht viel Interessantes; mehr die
sinnliche als die mystische Seite seines Wesens tritt in ihr hervor.
Der junge Jurist gab 1789 eine Sammlung schwächlicher Gedichte
heraus [6]), süsslich-frivole Scherze im Stil Wielandscher Versnovellen,
biedermännische Poesie in der Manier von Claudius und Voss. 1794
noch dichtete er, was für den späteren Werner interessant ist,

---

[1]) Z. W. in Weimar 1808. H. Steffens, Was ich erlebte. 1840 ff.
VI, p. 251-254.
[2]) Im „Lebensabriss" Werners von Hitzig, Berlin 1823.
[3]) E. Th. A. Hoffmann, Serapionsbrüder. Berlin 1821. IV. 241.
[4]) Hitzig, a. a. O. p. 65 (Z. W. an H. Berlin 1805).
[5]) Ueber diese unterrichten am Besten:
  a. Z. W.'s Briefe a. e. Ungenannten (nach einer hschr. Bemerkung Varnhagens Peguilhen), 16 Nummern 1796-1806; vgl. Gubitz, Gesellschafter 1837 (Jan. u. Mai). Von Düntzer nicht benutzt.
  b. Z. W.'s. Brief an Karl Regiomontanus (Pseudon. für K. F. Fenkohl, nach Meusels gelehrt. Teutschl. VII. B. p. 266) v. 25. März 1804.
Übersicht über sein Leben seit dem letzten Zusammensein 1790.
Blätter für litt. Unterhaltung 1827. Nr. I u. II. Ohne Angabo
des Fundortes excerpirt v. Düntzer.
  c. Hitzig i. s. Lebensabriss.
[6]) Recension ders. (wie Strodtmann, Briefe von u. an G. H. Bürger
III, p. 242 Anm., meint von Bürger) in der Allg. Litt. Ztg. 6. Aug. 1789,
p. 323.

eine aufklärungsfreundliche „Freiheitsode", in der es unter anderem heisst:

„War es der Kaiser, der stolz einst die Jnder beherrschte, Und im Pfaffengewand weinend sein Leben schloss, Oder Luther der Starke Der die Hyder Fanatik fällte" (Gubitz, Berühmte Schriftsteller der Deutschen II, p. 272). In seiner Vaterstadt Königsberg, dann in Warschau, wohin ihn seine erste Stellung als Kammersekretär führte, stürzte er sich in den tollsten Strudel des Lebensgenusses, schloss und löste nacheinander zwei Ehen, um eine dritte, die ebenfalls nur kurze Zeit währen sollte, einzugehen.

Die latenten religiösen Keime seines Innern haben sich erst in der zweiten Hälfte des Warschauer Aufenthaltes, im Ausgang der neunziger Jahre entwickelt. Als „armer bedrückter Mensch" [1] „von allen Gattungen des Leidens und der Freude geschwächt" [2] fühlte er sich, nach Inhalt und Ausfüllung seines leeren Daseins dürstete er. Da gewann ein Mann auf ihn Einfluss, den er selbst einen „wahrhaft grossen Dichter und Religiosen" [3], Hitzig einen „Koloss" unter allen, die auf Werner damals bestimmend einwirkten, nennt, „den seine Zeit nicht genug erkannt hat, weil sein Schicksal wollte, dass überall, wo er seine Stimme erhob, Grössere als er gleichzeitig das Aehnliche auszusprechen suchten [4]: Johann Jakob Mnioch [5]. Der romantischen Schule fühlt er sich verwandt, war doch auch er in dem Schlegel-Tieckschen Musenalmanach für 1802 mit einem nach dem Urteil Wilhelm Schlegels vortrefflichen Gedicht vertreten „Hellenik und Romantik" [6], das Leben und Tod, kontrastirend in antiker Form und antikem Geiste, dann in An-

---

[1] Hitzig. a. a. O. p. 16. — [2] Ibd. p. 39.
[3] An Regiomontan. 25. März 1804. (Königsberg.) Bl. f. litt. U. 1827 p. 5.
[4] Hitzig a. a. O. p. 9.
[5] Daniel Jacoby Allg. Deutsche Biogr. XXII p. 36.
[6] M.-A. für das Jahr 1802 her. v. A. W. Schlegel u. L. Tieck, p. 221.

schauung und Versmass der Romantik besang. Die „Mysterien der Natur, mit heiliger Phantasie und reinem Herzen" zu berühren, hatte er sich vorgenommen. Maurerische Ideen wurden durch ihn, den Dichter des „Maurerliedes" (1798), der „Vision" [1]) mit ihrem Gefühlsüberschwang, in Werner erweckt. Er trat in dieser Zeit der Loge „zum goldenen Leuchter" bei, wurde aber nicht durch sie befriedigt [2]). Erziehung des Menschengeschlechts durch Begeisterung und Enthusiasmus, Läuterung seines eigenen so tief gesunkenen Selbst durch eine hohe Aufgabe schwebte ihm dunkel vor [3]). Mit „jugendlich frischer Achtung und einem Herzen voll Liebe" [4]) lauschte ihm der damals neunzehnjährige Hitzig, sein und Hoffmanns späterer Biograph; an ihn, als er nach Berlin zurückgekehrt war, richtete Werner bekenntnisreiche Briefe. Die erweckten Ideen krystallisirten sich in Königsberg, wohin ihn 1801 die zunehmende Krankheit seiner Mutter rief, weiter durch das Studium der „Glaubens- und Kunstheroen" Fichte, Schleiermacher, Schlegel, Tieck [5]) und des „religiösen Kolosses" Wackenroder [6]). Gläubig versenkt er sich in Jacob Böhme [7]). Auch hierin eiferte er der romantischen Schule nach, Tieck war ein begeisterter Verkündiger des Philosophus teutonicus in Jena gewesen [8]); Novalis, sein schwärmerischer Jünger, rief Tieck zu [9]):

Du wirst das letzte Reich verkünden,
Was tausend Jahre soll bestehn.
Wirst überschwenglich Wesen finden,
Und Jakob Böhmen wiedersehn.

---

[1]) S. Schriften III. B. 1798/99. II. B. p. 67.
[2]) An Regiomontan. Bl. f. litt. Unterh. 1827. p. 12/13. Düntzer, a. a. O. p. 3.
[3]) Vergl. die Maurergedichte W. I, p. 87, 90, und das Ged. Phantasie p. 92 (alle 1798).
[4]) Hitzig, a. a. O. p. 9.
[5]) An Hitzig, 18. März 1801, a. a. O. p. 22, auch 26 u. 53.
[6]) An Hitzig, 18. März 1801, a. a. O. p. 51.
[7]) Hitzig p. 24.
[8]) Koberstein. Gesch. d. dtsch. Nationalliterat. IV, p. 772 ff.
[9]) M.-A. für 1802, p. 38.

Durch ihn lernt Friedrich Schlegel den Theosophen kennen, er feiert ihn in den „Ideen" als „alten Helden deutscher Kunst und Wissenschaft" [1], Bernhardi nannte seine Kosmologie eine „mystische Epik" [2], bis ihm schliesslich eine neue Renaissance ward in dem Spätmystiker Franz von Baader [3]. Ferner wirkte noch auf Werner Rousseau ein. Schon in den frühsten Gedichten von 1790 hatte er auf ihn ein Epigramm geschrieben [4], seines Sterbetages gedenkt er 1802 in einem Sonett [5], 1808 hält er seine Wallfahrt nach Meillerie [6] und betet, „der discipulus Zacharias" zum „heiligen Rousseau," dem „Flammenspiegel heiliger Minnen." Die „profession de foi du vicaire savoyard," der Kultus des Herzens, wie ihn Jean-Jacques im „Émile" [7] proklamirte, bot ja auch manche Anklänge an die romantische Religion. Völlig berührt sich mit ihm Schleiermachers Gleichgültigkeit gegen das äussere Bekenntnis [8]. Die Hauptsache ist die Religion, auf ihre Formen kommt es nicht an. Ganz im Sinne der symbolisirenden Auffassung alles Seins durch die Romantik ist es auch, dass alles für Rousseau Leben, Bedeutung gewinnt, unter seinen Händen zum Symbol und Ausdruck eines unnennbaren Gefühls wird [9]. Und Novalis, wie auch Werner hört man vorklingen, wenn er, Plato und die Gnosis erneuend, den Aufenthalt der Seele im Körper als Einkerkerung betrachtet. Besonders aber wird Werner an Rousseau das gefallen haben, was ihn vielleicht am meisten zur Romantik zog, was ihm, gewissermassen als Pendant zum Sinnenrausch, um ein feines Wort Grillparzers zu gebrauchen [10], einen „Rausch des inneren Sinnes" verhiess: jenes lösende, die Ichheit über-

---

[1] Athenaeum III¹ p. 25.
[2] Kynosarges I, p. 131.
[3] Besonders seine „Vorles. über speculat. Dogmatik. 1828-1838.
— [4] Werke I, p. 14. — [5] Werke I, p. 124. — [6] Werke I, p. 175. —
[7] Émile L. IV.
[8] Reden über die Religion. II. Rede über das Wesen der Religion.
[9] Hagenbach, Kirchengesch. VI, p. 205.
[10] Grillparzer, Werke I, p. 200.

windende Verfliessen in das Unendliche. Dass auch Rousseau ihm anhing, hatte er aus dessen Correspondance inédite gesehen, von der er, wie er an einen Freund schreibt[1], im „Freimüthigen" mit „einer schalen Kritik gelieferte Bruchstücke" gelesen hatte. Es handelt sich um Stellen aus den Briefen an Malesherbes[2], wo es heisst: — — „Dann verlor sich mein Geist in der Unendlichkeit; ich klügelte nicht, ich philosophirte nicht: mit einer Art von Wollust fühlte ich, dass ich unter dem Gewichte dieses Universums erliege; mit Entzücken überliess ich mich der Verwirrung jener erhabenen Ideen; gern verlor sich meine Einbildungskraft im Raume, mein Herz fühlte sich zu bewegt in den Grenzen der Wesen — ich erstickte im Weltall — ich hätte mich zur Unendlichkeit aufschwingen mögen." —

Zu diesen litterarischen Anregungen, die schon für einen, wie Werner, angelegten Menschen Reizmittel zur geistigen Ausschweifung waren, kam noch der Umgang mit dem seltsamen Christian Mayr[3]. Er war geheimer Sekretär beim Minister Wöllner gewesen und hatte bei den Geisterbeschwörungen in Berlin 1791—95 eine Rolle gespielt. Jetzt wirkte er als Prediger in Königsberg. Eine höchst sonderbare Erscheinung: „Ein kleiner, krummer Mann, schielend, glatzköpfig, schwache Kinderbeine, auf denen ein breiter Rumpf und ausgedehnter Schädel ruhte, die Stirne hochgewölbt, vielfach von feinem blauen Geäder durchzogen, sein Gang schleichend"[4]. Zacharias Werner kongenial, war er das seltsamste Gemisch von Vernunft und Wahnsinn, Herzensgüte und Bosheit, Tiefsinn und Gemeinheit[4]. Alles erfasste Mayr materiell; beim Abendmal wollte er wirklich Fleisch und Blut hervorbringen. Alle Religionsceremonien mischte er (ein Vollstrecker jener Unterschiedslosigkeit der

---

[1] 17. Okt. 1803. Gesellschafter 1837, p. 46.
[2] „Der Freimüthige" von Kotzebue 1803. No. 120.
[3] Dorow, Erlebtes aus den Jahren 1790—1827. Lpz. 1845. III, p. 20. (Ueber M. und seinen Umgang mit Werner.)
[4] Dorow a. a. O. (auch bei Düntzer ohne Angabe der Quelle citirt p. 81.)

Bekenntnisse), hörte oft an einem Tage des Morgens Messe auf seinem Angesicht liegend, predigte dann in der protestantischen Kirche und erteilte die Kommunion und endete den Tag mit Besuch der Mennoniten, der Herrnhutergemeinde, der Synagoge und der Freimaurerloge. Mayr hatte Werner Hoffnung gemacht, in einem geheimnisvollen Orden der „Kreuzbrüder" aufgenommen zu werden, und ihn dadurch ganz gewonnen.

Im Banu dieser Geister bildete sich Werner ein völliges System aus, das er breit und umständlich in Briefen an den ungenannten Freund, an Hitzig und Regiomontanus vorträgt. Strenge Teilung von Moral und Religion will auch er. Im Menschen sind zwei Grundkräfte thätig, die auf jene „beiden köstlichen Polarsterne hinweisen, Vernunft und Phantasie" [1]. Vernunft giebt uns die Moral. In diesem Punkt ist Werner ganz Anhänger des kategorischen Imperativs [2], seinem „gefleckten Charakter" getreu den Kantianer und Mystiker in sich vereinend.

„Phantasie lässt den Menschen sich als Teil des ihn umgebenden unendlichen Ganzen und (insofern als dieses Ganze entweder aus Gott geflossen oder Gott selbst ist) als Teil (wenn ich es plump sagen soll) der Gottheit fühlen" [3].

„Dieses Gefühl bis zur Anschauung (des Unendlichen) gebildet ist Religion. Diese ist also lediglich Gefühlssache, sie kann also weder demonstrirt werden, noch uns zum Pflichtbegriff bringen, und wird sie von aufgeklärten Pfaffen dem Pflichtenbegriff untergelegt, so heisst das ebensoviel, als ob Gefühle uns zu Handlungen treiben sollen. Eine religiöse Moral ist eine contradictio in adjecto" [3]. In dieser Religion, die Anschauung

---

[1] Gesellsch. 1837, p. 54 ff. Andere Stellen über Trennung v. Mora u. Religion. Hitzig p. 34; Bl. f. litt. Unterh. 1834, p. 1337. (An Scheffner.)
[2] cf. Bl. f. litt. Unterh. 1827, p. 7. (An Regiomontanus.) Bei Düntzer p. 44: „Obgleich ich Poesie für keine Spielerei, für das heiligste Geschäft eines ganzen Lebens halte, so hat doch der kategorische Imperativ jetzt bei mir gleiche Rechte."
[3] Gesellsch. 1837, a. a. O.

des Universums ist, zeigt sich Werner als Anhänger Schleiermachers:

Die Idee eines Gottes in der Religion ist irrelevant[1]). Der Wunsch einer persönlichen Fortdauer irreligiös, da eine isolirte Fortdauer, die nur ein Wunsch des Egoismus sein kann, sich nicht mit dem Aufgehen ins Universum verträgt. Schliesslich hat Werner die Gleichgültigkeit gegen das äussere Bekenntnis: jede religiöse Ansicht wird tolerirt. „Man kann für den Katholicismus eintreten, ein anderer indische Mythen aufstellen, die in jedem Grundwesen Mann und Weib zugleich und also die Ideen der alles belebenden Liebe aufgestellt haben, ein Dritter zünde meinetwegen mit den Parsen das Feuer an."

Um das Unendliche anschauen zu können, muss ihm aber zuvor eine Gestalt gegeben werden, „und diese Gestalt des Unendlichen ist das Schöne und die Gestaltung des Unendlichen ist die Kunst"[2]). So sehen wir denn Werner völlig als Anhänger jenes romantischen Evangeliums, das in der Einleitung dargestellt ist. „Des Herrn Kraft ist Kunst und Religion"[3]), „der Religiose der echte Dichter"[4]).

Werner geht aber noch weiter, ein „übersinnlicher, sinnlicher Freier" um das Unendliche predigt er eine wollüstige Askese. Jene Idee des Aufgehens und Verfliessens der eigenen Persönlichkeit hängt ja eng mit dem ersten Gesetz des Quietismus zusammen, mit der Ertötung des eigenen Willens, dem Aufgeben folgt das Aufgehen, dem „Stirb" das „Werde." Dieser Process, so sagt Werner[5]), symbolisirt sich schon hier in der Liebe, bei der ja auch eine Hingabe, eine Art Opferung des Ich stattfindet, um in einem Anderen aufzuleben, seine Vollendung aber (und dies ist ganz pathologisch) erfüllt sich im Tod. Der

---

[1]) Gesellsch. 1837, p. 62, 63 für diese und die folgenden Stellen. Aehnliches bei Hitzig p. 23, 25.
[2]) Gesellsch. 1837, p. 87.
[3]) An Hitzig 18. März 1801. Hitzig p. 17. — [4]) Ibd. p. 18.
[5]) Gesellsch. 1837, p. 58.

Liebesgenuss kann nur wenige Augenblicke das gewähren, was der Tod verheisst; dieser ist die Erfüllung der Liebe und „ganz gewiss das Non plus ultra der Wollust" [1]). Noch stärker drückt Werner diesen Gedanken in einer gleichzeitigen Briefstelle an Regiomontanus aus: — „die Verwesung, die uns dem Unendlichen wiedergiebt, indem sie uns mit ihm vereinigt, muss mit Sehnsucht gewünscht werden" [2]). So ist für ihn „Kunst, Liebe, Tod jedes in seiner Art Mittler, beinah Synonyma, die uns ins Universum, aus dem wir genommen, für das wir da sind, wieder mit mütterlichen Händen versenken" (Gesellsch. 1837 p. 62—63).

Ein näheres Eingehen auf diese Ideen, auf ihr Erscheinen bei anderen Denkern und Dichtern, vor allem bei Novalis, den Werner übrigens erst spät kennen gelernt hat, sei bis zur Besprechung ihrer dichterischen Ausgestaltung aufgespart.

Seine Gefühlsreligion nennt Werner selbst den „idealisirten Katholicismus" [3]); darum braucht man jedoch noch nicht an so frühzeitige Konversions-Gelüste zu denken, denn Wernern war der bestehende Katholicismus zu dieser Zeit ebenso verhasst, als der Protestantismus [4]). Freilich mussten ja die phantastischen Formen des katholischen Kultus, seine Kunst- und Schönheitsandachten vor den Bildern der Madonna, dem symbolischen Bedürfnis mehr entgegenkommen, als die schlichteren der protestantischen Kirche,

---

[1]) Gesellsch. 1837. p. 58.
[2]) 25. März 1804. Bl. f. litt. Unterh. 1827, p. 7; bei Düntzer p. 44.
[3]) Hitzig, p. 29.
[4]) An Scheffner 11. April 1805. Ich fange nur gleich damit an, dass ich, wie Sie, als Mensch den jetzigen Katholicismus aufs äusserste perhorresziere und verabscheue. Er ist so tief gesunken, dass kein redlicher Mensch mit ihm gemeinschaftliche Sache machen kann. Alles will ich werden, nur nicht katholisch unter Leitung der jetzigen Schurken und Dummköpfe, die sich für Hüter des Heiligsten ausgeben. Ich musste Ihnen diese bei Gott und Ehren aufrichtige und wahrhafte Erklärung im Voraus thun, und könnte ich anderer Meinung sein, so wäre ich entweder als Dummkopf Ihrer Teilnahme oder als Schurke Ihres Wohlwollens unwert." Bl. f. litt. Unterh. 1834. No. 283. — Andere antikatholische Stellen: Gesellsch. 1837, p. 54. Teichmanns Litterar. Nachlass p. 310.

die von einem Bunde mit den Künsten wenig wissen wollte; gleiche Anziehungskraft besass aber ebensogut auch, wegen ihres kontemplativen Charakters, die religiöse Weisheit der Inder [1]).

Indifferenz des Bekenntnisses war ja jetzt noch die Losung; die Romantiker fühlten überhaupt nicht das Bedürfnis, sich einer der bestehenden koncessionirten Gemeinschaften anzuschliessen, dies kam erst später, als ihnen im uferlosen Meer ihrer Spekulation vor der eigenen Gottähnlichkeit bange ward.

Der neuen Religion, deren theoretische Verkündiger er so stürmisch begrüsst, beschloss nun Werner, den übrigens nicht zum wenigsten auch Ehrgeiz lockte, praktisch zu dienen. Er wählte sich die Bühne als Kanzel (der erste unter den Romantikern, der das Drama als Lehrgedicht benutzte, denn die vorausgegangene „Genovefa" Tiecks (1799) will ja durchaus keine „Predigt" sein) und trat als didaktischer Dramatiker in den „Söhnen des Thals" auf. In diesem Stück, das, aus zwei Teilen bestehend, 1800 in Warschau begonnen, 1803 in Königsberg vollendet wurde [2]), wendet er sich an die ganze Menschheit, speciell aber wollte er, wie er später an Iffland schrieb [3]), der ihm „innigst verbündeten Gesellschaft", den Freimaurern, die eben jenes Ideal der Erwärmung der Welt durch Enthusiasmus ihm nicht zu verwirklichen schienen, ein „Lehrgedicht" geben. Hieraus und aus dem Vorhergegangenen wird die Tendenz des Dramas leicht verständlich, die der Dichter selbst in seiner schnörkelhaften Schreibweise Hitzig, dem Freund im „anderen Bethlehem" [4]), nämlich dem durch das neue Evangelium begnadigten Berlin, von Königsberg aus formulirt [5]): „Der Sieg des geläuterten Katholicismus mittelst der Maurerei über

---

[1]) In der „Lucindo" und in den Aphorismen des Athenaeums wird sie gepriesen.
[2]) I. Aufl. Berlin bei Sander I. Teil 1803. II. Teil 1804.
[3]) Warschau 4. Aug. 1804. Briefwechsel zwischen Iffland und Werner in Teichmanns Litterar. Nachlass, p. 292.
[4]) Königsberg 18. März 1801. Hitzig, a. a. O. p. 22.
[5]) Königsberg 28. Okt. 1802. Hitzig, a. a. O. p. 40/41.

den in seinen Grundsätzen zwar ehrwürdigen aber dem Menschengeschlecht, qua talis nicht angemessenen, durchaus prosaischen Drang eines durch keine Phantasie begränzten Kriticismus", oder mit anderen Worten: über egoistische begeisterungsarme Aufklärung. Zwei Gruppen brauchte Werner zur Darstellung beider Richtungen. Der Gedanke an die der Reform bedürftige Maurerei brachte ihn auf den Templerorden. Aus diesem sollte ja — eine weit verbreitete, jetzt aber durch die Geschichte zurückgewiesene Ansicht, die auch Lessing andeutend im 4. Freimaurergespräch vertritt und Nicolai wenig beweiskräftig ausführt [1], auf die gestützt der schottische Kronprätendent Karl Eduard sich als erblichen Grossmeister des Maurerbundes betrachtete [2] — die Maçonnerie hervorgegangen sein, durch die dem französischen Gewaltakt entronnenen Mitglieder der „heiligen Gemeine" im Norden Britanniens aufgerichtet. Der „geläuterte Katholicismus", der sich über den gesunkenen, gefühlserstarrten Orden erhebt, stellt sich in einem Geheimbund dar, „das Thal" genannt. Es tritt das Erbe der in Leben und Litteratur des 18. Jahrhunderts so üppig blühenden unsichtbaren Logen [3] an, die wir in den heiligen Hallen Sarastros unter den Klängen Mozartscher Töne, auf dem „ideellen Montserrat" der Goethischen Geheimnisse im Symbol des rosenumwundenen Kreuzes, im Turm der „Lehrjahre", der wie der „Sankta Casa heilige Register" das Leben der Jünger angefangen und beschlossen birgt, im Isistempel der „Lehrlinge von Sais" Erkenntnis und Erfüllung begehren sehen.

Das „Thal" sollte die Wernersche Idee von der „Kirche" verkörpern. Entsprechend der parenthetischen Bemerkung

---

[1] „Versuch über die Beschuldigungen, welche dem Tempelherrnorden gemacht worden, und über dessen Geheimniss; nebst einem Anhange über das Entstehen der Freymaurergesellschaft." Berlin u. Stettin 1782. cf. dazu „Historische Zweifel" von Herder (Deutscher Merkur 1782, p. 224-255).
[2] Alfred de Reumont, die Gräfin Albany. 1860. Bd. I, p. 239.
[3] Erich Schmidt, Lessing II, p. 583.

Friedrich Schlegels, als er Dorotheen gegenüber von Religion spricht[1]), fügt Werner der Bezeichnung „Kirche" ein „sit venia verbi"[2]) bei. Er versteht darunter eine „Verbindung der Besseren (d. h. solcher, die vom Sinne für das Höchste: Religion, Moral und Kunst entflammt sind), um der Menschheit diesen Sinn, den Sinn (die Fassungskraft) für Religion zu geben"[3]). Ihre Hauptaufgabe (und dies ist für alles folgende zu beachten) besteht darin, dem „den Einzelnen vom Einzelnen und das Volk von den Völkern isolirenden egoistischen Zeitgeist" entgegenzuarbeiten, von der Ueberzeugung durchdrungen, dass „jeder bloss Teil des Universums (und nichts mehr) ist"[4]) oder wie es an einer anderen Stelle heisst: „ein Strahl der Gottheit, ergossen um einen Punkt des Universums zu beleuchten, zu erwärmen, zurückfliessend, wenn dies Geschäft vollbracht ist"[5]). Die „Kirche" soll durch die „isolirten Staaten ein Verbindungsband ziehn, den Sinn für Religion", natürlich, wie wir uns nach dem Vorausgeschickten denken können, nicht für ein specielles Bekenntnis, sondern Sinn für das Unendliche und das lebendige Gefühl, dass man nur Teil desselben und nur für dasselbe da ist. Jeder wäre, wie Schleiermacher meint, Priester, jeder Glied der Gemeinde[6]).

Bei der dichterischen Ausgestaltung dieser Ideen, die für Werner natürlich die Hauptsache war, lag es ihm selbstverständlich ebensowenig, wie z. B. Lessing beim Nathan daran, ein historisches Schauspiel vom Untergang des Tempelordens zu schreiben. Ihm war der geschichtliche Stoff nur ein Sekundäres, nicht Selbstzweck, sondern Mittel, Einkleidung zum Verkünden seiner Ideen — „Jene reinen Seelen, für die mein Lied erklang — sie wissen es, dass ich der Fabel Maske nur geborgt, damit das Heilige, das sie versteckt, nicht ganz entblösst dem fremden Auge dasteh'"[7]). Die Quellenuntersuchung

---

[1]) cf. oben p. 9 u. Athenaeum II¹, p. 12.
[2]) Gesellschafter 1837, p. 72. — [3]) Ibd. 1837, p. 54. — [4]) Ibd. 1837, p. 63. — [5]) Ibd. 1837, p. 79. — [6]) Ibd. 1837, p. 66.
[7]) Epilog zum ersten Teil, 1. Aufl. Berlin 1803, p. 315.

darf unter diesen Umständen keinen grossen Raum beanspruchen. Zudem ist sie sehr einfach, da der Dichter selbst an den betreffenden Stellen seine Gewährsmänner nennt. Aus ihnen hat er hauptsächlich die Realien zu seiner Darstellung geschöpft, Ausgestaltung und Charakteristik der Personen ist im Wesentlichen sein eigen. Ceremoniel und Ordensritus vermittelte ihm Münters Statutenbuch des Ordens der Templer[1]. Für den Process gegen die Templer dienten ihm[2] die von „Hrn. Moldenhauer gesammelten Akten über den Inquisitions-Process der Tempelherren, mit Hinsicht auf Dupuys, freilich oft partheiische Nachricht"[3]. Manches Anekdotische aus der Geschichte der Templer, die Episode aus dem Sturm von Akkon[4], Intriguen Philipps v. Frankreich[5], lieferten Karl Gottlob Antons Versuch einer Geschichte der Tempelherren[6] und M. J. (eune), „Histoire critique et apologétique de l'ordre des chevaliers du temple de Jérusalem"[7]. Anton parallelisirte übrigens, wie es Werner in der Schlussbemerkung zu seinem Werke that[8], auch die Aufhebung des Tempelordens mit dem des Jesuitenordens (1773). — Aehnlich wie zu den Quellen erledigt sich das Verhältnis zu anderen Templerstücken. Diese suchen ihren Hauptzweck darin, ein historisches Faktum poetisch darzustellen, während, wie ja auseinandergesetzt ist, unser Drama eine ganz andere Absicht hat.

So stellen z. B. Les Templiers von Raynouard[9] mit hauptsächlicher Benutzung des Dupuyschen Werkes den in Paris

[1] Berlin 1794. (K. B. Pf. 9750.)
[2] S. d. Th. A. T. 1. Aufl. Berlin 1803, p. 27, Anm.
[3] Moldenhauer, Process gegen den Orden der Templer, Hamburg 1792. (K. Bibl. Pf. 9370.)
Dupuy, Histoire de l'ordre militaire des Templiers, Bruxelles 1751. (K. B. Pf. 8640.)
[4] S. d. Th. A. T. p. 93. — [5] Ibd. S. d. Th. II. T. p. 71.
[6] Leipzig 1779/81. 1. u. 2. Aufl. Pf. 8706 u. 8708.
[7] Paris 1789. Pf. 8734.
[8] S. d. Th. A. T. p. 423.
[9] Paris 1805; deutsch von C. F. Cramer. Leipzig 1806.

spielenden letzten Akt der Ordenstragödie dar; von einem übergeordneten Geheimbunde ist keine Rede.

Um uns nun dem Wernerschen Werke selbst zuzuwenden, so müssen wir von dem ersten Teil desselben allerdings bestätigen, was der Dichter selbst von ihm gesagt hat, dass „die Haupttendenz in ihm nur schwankend ausgedrückt sei"[1]). Dieser erste Teil, „Die Templer auf Cypern," ist ja, wie bereits früher angegeben, noch in Warschau 1800 zum grössten Teil entstanden, die eigentlich romantischen Anregungen hat aber Werner erst in den nächsten Jahren in Königsberg empfangen und sie dem zweiten Teil, den „Kreuzesbrüdern", zu Gute kommen lassen. In den „Templern auf Cypern" ist also noch wenig Mystik, doch auch das Aufklärerische, Deistische, der „Kriticismus", der die Haupteigenschaft des gesunkenen Ordens sein sollte, ist nicht gar so sehr in den Vordergrund getreten: man erhält mehr das Bild eines überhaupt entarteten Ordens, wie es z. B. Schiller für die ersten Scenen der „Maltheser" plante. Gleich im Anfang wird durch Vorführung der verschiedenartigsten Naturen der Bruch der drei Gelübde veranschaulicht. Da ist Völlerei, Trunksucht, Intrigue, die vor nichts zurückschreckt, vertreten durch den feisten, salbungsvollen, augenverdrehenden Kapellan, Ketzerei, schnöde Geldgier und Treulosigkeit in dem Exprior von Montfaucon und Noffo von Noffodei, Genusssucht in dem Lebemann und Stutzer Charlot, der sich mit dem Kapellan in anzüglichen Gesprächen gefällt und in dem neuen Bruder, der beim Orden eintrifft, ein „Wild" sieht, das ihnen „ins Garn" gerannt ist. „Er hat Moneten, die uns in süssem Cyper fliessen sollen." Ohne Verständnis für die grossen Zwecke des Ordens, thun sie nur widerwillig ihre Pflicht. „Ich wäre froh, den Mantel zu verlieren" sagt Charlot, und ein anderer Templer, Gottfried von Salza, erwiedert: „Ich auch, man hat hier nichts als Plackerei. Gut, wer sein Schäfchen auf dem Trocknen hat."

---

[1]) An Hitzig 28. Oktober 1802. Hitzig a. a. O. p. 40.

Der alte Grosskomthur Hugo von Villars, der noch die Tage des Glanzes gesehen, ein Mann der rauhen Tugend mit weichem Herzen, bricht schmerzdurchbebt diesen Gesellen gegenüber in die Worte aus:

„Sieh dieses Volk an Ehr und Züchten bar.
'S ist heut Kapitel; und der läuft zur Jagd,
Der alfanzt sich mit bunten Schranzen-Schnörkeln,
Und der begafft, wann es zur Kirche geht,
Statt unsers Herrgotts, junge Fraun und Dirnen."

— — — — —

„Das sind die Armut, Keuschheit, Obedienz
Die Ihr aufs Evangelium beschworen."

Kein Ideal, keine Begeisterung haben diese dumpfen Massen; nur einen Götzen, den Egoismus.

Die Prüfung der Neophyten mit ihrem abenteuerlichen Ceremoniell (in dessen Ausmalung Werner schwelgt), mit den Skeleten, die Schwert und Palme tragen, dem schlangenumwundenen Baffometuskopf, der Verlesung der „Mär von dem gefallenen Meister", der die Steine des Tempels um Gold dahingegeben und den Herrn betrogen, der Ueberschreitung des Kreuzes („Nicht deines Meisters Kreuz, das blutige: Sein Afterbildnis nur! —"), schliesslich der Verkündigung der Tempelweisheit unter Erscheinen des blutigen Johannishauptes auf der Schüssel: „Aus Blut und Dunkel quillt Erlösung," hat längst seine wahre Bedeutung, den Nichtwissenden im symbolischen Gewand ewige Wahrheiten zu lehren, verloren. — Ueber die Templer waltet als Grossmeister ein Mann, der keinen Teil an den groben Verirrungen seines Ordens hat, eine menschlich äusserst liebenswürdige Persönlichkeit; in Knechtsgestalt, wie wir ihn bei seinem ersten Auftreten sehen, und in der Würde des Meisters vom Stuhl gleich ehrfurchtgebietend, von strengster Pflichttreue, einfach und schlicht in den eigenen Bedürfnissen, versöhnlich und mild. Mit einem Blick gewinnt er sich alle Herzen, mit dem Blick, der dem des „Heilgen aus der Stephanuskapelle" gleicht. Aber sein „warmes Leben rinnt an der kalten Verstocktheit" seiner Jünger, die, wie er schmerzlich sagt, „die Menschheit opfern, um nur ihr eignes kostbares Selbst vor Lüftchen zu bewahren;" sein „grosses volles Herz," dies „arme unverstandene," das „der Meisterharnisch nur schlecht verdeckt," hat sich in diese „wüste Steppe verirrt." Und sein Blühen ist von Reif dieser „frosterstarrten Zeiten" getroffen. Molay ist resignirt, seine Hände und Füsse regen sich nach wie vor, aber sein Herz ist müde und matt geworden. Entsagungsvoll klingt sein Wort zu dem Neophyten Franz von Brienne, den der Wissensdurst nach tiefster Wahrheit in den Orden getrieben hat: „Du Armer, klang auch dir Sirenensang?" Hierzu kommt was für den zweiten Teil wichtig, aber ebensowenig genügend vom Dichter accentuirt ist, als der „Kriticismus", — dass der Grossmeister den Mysterien abgeneigt ist: er will die Lehren nicht in Bildern und Symbolen, sondern ohne Vorhang, hüllenlos, und als er beim letzten Kapitel die geheimen Schriften des Ordens verbrannt und das Mumienhaupt, das für die Baffometscene diente, in die Erde gesenkt hat, sagt er:

„Ich liebe diese Rätsel nicht — sie sind
So rein ihr Ursprung, manches Missbrauchs Quelle,
Dem ich im nächsten Generalkapitel,
Nebst andern gleicher Gattung steuern will."

Der herbste Schmerz für Molay ist, dass er den besten der Ordensritter, seine Hoffnung und seinen Stolz, ausstossen muss. Robert d'Oredin, der den egoistischen und materialistischen Genossen uneigennützige, ritterliche Gesinnung und ein heilig glühendes Herz entgegensetzen kann, der ihrer Afterweisheit sein hohes Ziel vorhält:

„Sei dies ein Traum — ich glaub, es ist nichts bessers,
Und dennoch geb ich ihn um eure Wahrheit
Um euren freudenlosen Himmel nicht. —
Hat auch der Meister sich umsonst geopfert:
Doch blut ich lieber für den schönen Traum
Um nicht in eurer Wahrheit zu verdürsten."

hat sich durch stürmischen Jugenddrang hinreissen lassen. Aehnlich wie der Drachentöter von Rhodus leistet er, indem er, statt die Wache zu beziehen, den tunesischen Kaper einfing, durch ein kleines Vergehen dem Orden einen grossen Dienst, aber nicht nimmt er, wie der Johanniter, die Vorwürfe seines Oberen, hier des Komthurs Hugo, demütig hin, sondern braust in überschäumender Wildheit gegen den väterlichen Freund auf und reisst ihm, als dieser gleichfalls erbitzt ihn eine „Memme" nennt, die nicht den Mut besitze „die eitle Ruhmsucht unters Joch der Pflicht zu zwingen," die „heilige Schnur vom Mantel." Und Molay muss, ohne den Brutus spielen zu wollen, sein Gefühl der strengen Satzung unterordnen und, trotz der Bitten des alten Komthurs, seinem Lieblingssohn das Templerkleid nehmen. Sein Abschiedswunsch aber ist, wie in einer Ahnung der Zukunft:

„Sei eingedenk der grossen Kräft' in dir!
Sie sind Beruf zu grossen, hohen Pflichten —
Der Ew'ge will kein Samenkorn vernichten!"

Der inneren Zerrüttung des Ordens, der in Robert seine beste Kraft verliert, gesellt sich nun auch drohende Gefahr von aussen.

Philipp der Schöne von Frankreich und der Papst laden den Orden vor den heiligen Stuhl nach Poitiers, „dort einen neuen Kreuzzug zu beraten." Doch die „Teufelsfratze guckt ganz sichtbar zur Kutte heraus," Molay fühlt die eigentliche Absicht, er weiss, dass Krone und Klerisei nach den Schätzen der Templer lüstern sind und dass Gehorsam der Vorladung gegenüber gleichbedeutend mit Tod und Verderben sein wird. Er hält es für pflichtvergessen, dem Ruf zu folgen und seine Brüder der habsüchtigen Willkür auszuliefern, er ist

„Für festen Mannssinn in gerechter Sache,
Für das, was der Moment, die Pflicht gebietet,
Für offnen Kampf."

Das Kapitel in blinder Verkennung überstimmt ihn, trüben Blickes sucht er Trost an der Brust des alten Freundes Philipp, des verbannten Herzogs von Anjou, der, ein Opfer königlicher Gewaltthat, im Templerhause auf Cypern ein Asyl gefunden, dort als Servient und Gärtner lebt, Pflanzen und Blumen in ihrem Blühen und Vergehen mit dem Auge des Lebensphilosophen,

der leidend viel gelernt, betrachtend. Vor ihm schüttet er das
übervolle Herz aus:
„Dass sie mich nicht erkennen, dass sie mich
Verschmähen, dass sie von allem dem nichts wissen,
Es gar nicht ahnden wollen, was — verzeih's
Dem aufgeregtem Herzen! — welche Opfer
Ich unserm heil'gen Endzweck freudig darbot,
Das — Gott ist jetzt mein Zeuge! — das verschmerz ich. —
Allein, dass sie bei hellem Tage sich
Die Augen blenden, es nicht sehen können,
Nicht wollen, was der Menschheit, deren Rettung
Sie sich gewidmet, jetzt allein nur not thut:
Das quält mit tausend Martern meine Brust." —

Doch da der Orden beschlossen hat, so ist Molay pflichtgetreu bereit ihm zu folgen, sei es selbst in den Tod. Und trotz der Warnung des Johannitergrossmeisters Fulco v. Villaret, der, ebenfalls nach Frankreich beschieden, dem bedenklichen Ruf nicht folgt, trotz zweier Vorzeichen, der Erscheinung von Molays lang verschiedenem Oheim Endo im Pilgergewand, dessen dumpfmonotoner Sang zur Laute von Flammen und Tod raunt, der kreischenden Prophezeiung einer tollen Klausnerin, die den vom cyprischen Strande für immer Scheidenden als letztes Valet nachruft:

„Seht ihr die Flammen über seinem Haupt?
Hört ihrs in Lüften wimmern: Molay! Molay! —
Von ihren Mänteln lecken Gluthen — hu!
Zeuch hin, zeuch hin, zeuch hin zum Hochgericht!"

geht es nach Paris. Während der Meister und die Templer unter Flöten- und Harfenmusik das Schiff besteigen, das sie ins Verderben führt, lässt Werner über den sechsten und letzten Akt des ersten Teiles den Vorhang fallen. Von der Wirksamkeit des geheimnisvollen übergeordneten Bundes haben wir in diesem ersten Teil, der dem Umfang nach sich allerdings wie der zweite „ein dramatisches Gedicht" nennen darf, inhaltlich betrachtet jedoch nur den Rang eines Vorspiels einnehmen kann, wenig gehört. Einmal wird, in geheimnisvoll andeutender Weise, darauf hingewiesen. Zu Robert, der eben aus dem Orden gestossen ist, der in weltlicher Rittertracht noch vor dem Scheiden

den Meistersaal aufgesucht, wehmutdurchschauert von den Marmorbildern der Ordensstifter Abschied zu nehmen, tritt ein Jüngling in hellblauem Gewande und giebt ihm einen seltsam gesiegelten Brief in seiner Muttersprache, schottisch, geschrieben, des Inhalts, dass er „kein Tempelherr und doch des Tempels Hüter vor vielen auserwählt" sei; er soll an einem bestimmten Tage zu Paris am Tempelturm das „rote Kreuz aus Flammen retten."

„Form und Farbe sind wandelbar; doch ewig ist der Urstoff.
Wir harren dein im grünen Friedensthale
Wo auch der königliche Leu verstummt."

Weniger mystisch ist die zweite Stelle, die auf den Bund anspielt. Als Molay bei der Versenkung des Baffomethauptes in die Erde von dem ältesten Ritter gefragt wird, ob ihm zu diesem „grossen Schritt auch Vollmacht ward," antwortete er: „Was ich thue, will ich im Thal vertreten."

Dass die Vorbereitung auf die für den zweiten Teil so wichtige Gesellschaft viel zu kurz gekommen sei, merkte Werner dann auch selbst, und machte seinen Fehler gut in der zweiten, durchgängig verbesserten und vermehrten Auflage (1807). Sie ist in Berlin, wohin der Dichter von Warschau gekommen war, verfasst. Das „Kreuz an der Ostsee", die „Weihe der Kraft" waren schon geschrieben, er hatte seinen dramatischen Blick geschärft, aber auch seine mystischen Neigungen weiter ausgebildet. Ihren Niederschlag spürt man auch deutlich in dieser neuen Ausgabe der Templer auf Cypern. Das Thal ist unter ihnen schon durch zwei geheimnisvolle Wesen vertreten, die aus nur schemenhaft skizzirten Gestalten der alten Fassung herausgewachsen sind, aus dem harfenspielenden Geiste Eudo und der wahnsinnigen Klausnerin. Diese ist hier zu einer vierzehnjährigen christlichen Anachoretin geworden, Astralis (auch unter dem Namen Astralon), einer spiritistischen Schönheit, die wir uns am besten unter einer Gestalt des Gabriel Max, etwa des Gretchens oder der Astarte vorstellen können. Sie ist ge-

sendet, dem „starken" Robert, dem das Thal die höchste Aufgabe zugedacht, die Weihe der Kraft zu geben:
„zu glühn mit ihm, in dem, der All ist
durch Schönheit zu sühnen den Sohn der Kraft."
Sie gleicht den von der Gottesminne verwundeten Dichterinnen der Mystik des Mittelalters, ihre Sprache den liebessiechen Lauten der „vor Liebe sterbenden Maria"[1]) oder der Maria Magdalena aus Friedrich Spees „Spiegel der Liebe"[2]). Es liegt darüber eine so wollüstige Mattheit, ein hinsterbendes Schmachten, das um so fieberhafter anmutet, weil es immer der Befriedigung entgegenbebt, Befriedigung aber nie erlangen darf. Die verhaltenen Gluten strömen dann um so brünstiger in Gebeten aus, die sie zu Horus und Isis sendet, da sie, aus dem fernen Osten kommend, stets vergisst, dass „hier zu Land des Thales Meister Christus heisst." Der Thalbund hat ja eben auch das Credo der romantischen Theologie: Name und Bekenntnis ist Schall und Rauch, und passt sich bei seinen Missionsfahrten dem Kultus eines jeden Volkes an.

Noch eine andere wichtige Hindeutung auf eine Lehre des Thals, die gnostischer Weisheit entnommen ist und bei Besprechung des zweiten Teils ausführlicher zu behandeln sein wird, findet sich gleich in der ersten, übrigens dramatisch äusserst lebendigen und frischen Scene der neueren Auflage. Astralis tritt unter die zur Frühmesse eilenden Ritter und Kleriker, sendet ihr Gebet zu „der Liebe Dornenthron," munter arbeiten indessen Bauhandwerker an der neuen Sakristei, im Anschluss an ihre Arbeit vom Meister Molay plaudernd, junge Ordensknechte ziehen singend vorbei, und Astralis sucht mit den Blicken Robert; als sie ihn nicht findet, spricht sie leise vor sich hin:
„Hält eine Krankheit liebend ihn umfangen?
Wie, oder hat der Tod ihn schon verwandelt?" —

---

[1]) Uebers. v. A. W. Schlegel im Musenalm. 1802.
[2]) „Trutznachtigall" p. 53. Ueber Werners Speelektüre cf. eine Briefstelle aus d. Jahr 1807, Hitzig a. a. O. p. 112 Anm.

Endlich kommt er, er will zur Jagd, da tritt sie ihm entgegen und spricht seltsam visionär:
> „Akazien, Rosen glühen
> Am Isis- und Marienbilde wieder,
> Du kommst — nicht war? — Dich lockt der Glanz
> vom Morgen! —"

Und dann enteilt sie zum Meerufer, wo sie mit Eudo in einer Klaussnerhütte lebt[1]. Wir werden in dieser Scene ganz genau in ihr Heimwesen und ihre Mission eingeweiht. Eine mystische Idylle thut sich auf, ein Liebesmahl wird zwischen beiden gefeiert mit Speiseopfer und Friedenskuss. Astralis begiesst die Blumen und bekränzt das „Isis- oder Marienbild." Eudo spricht vom Orden:
> „Das blut'ge Kreuz muss Todesnacht umhüllen,
> Dass strahlend einst zu neuem Sein erwacht,
> Was noch gebrütet wird im Thal, dem stillen."

Dann wendet er sich zu Astralis und erzählt ihr von Robert; der Tempelbund hat thatenlos geschwelgt und das „Licht enthüllt," „er muss untergehn und Molay selber die Verwandlung seh'n." Ihn zum Opfer zu bereiten ist Eudo von den Thalbrüdern gesandt, sie aber soll
> „den kühnen Robert leiten
> Zum Thatenfeuer an der Liebe Band,
> Entreissen sollst du dem Gewühl der Zeiten
> Den Meisterstab für des Geliebten Hand:
> Dazu bist Du vom Thale auserkoren. —
> Er naht, sei stark, gedenk was du geschworen! —

Und Robert zieht es hin zu den Palmen am Meeresstrand, als ihm Charlot berichtet, dass der tunesische Kaper nahe bei der Klaussnerhütte vor Anker gegangen ist (eine geschickte Verschmelzung von Motiven der ersten und zweiten Auflage) entringt sich seinen Lippen ein verräterisches „Da! —", er stürzt fort, „ohne Geheiss und Ordre." So ist also hier die gesetzwidrige Handlungsweise des vom Thal „vor vielen Auserwählten" weit über die Sphäre gewöhnlicher Abenteuersucht

---
[1] II. A. 1. Sc. Werke Bd. IV. p. 43.

hinausgehoben. Er verstösst gegen die Satzung der Templer, um, ohne es zu wissen, der Sendbotin des Thals ritterliche Hülfe zu bringen. Sie braucht dieselbe natürlich nicht, und als er ihr grüssend naht, spricht sie: „Noch hast du Zeit zum kämpfen," sie nimmt ihm den Helm ab und löst ihm das Haar. In dem sich nun entspinnenden Liebesgespräch zittert der Ueberschwang seelisch-sinnlicher Leidenschaft. Robert klagt:

„Seit jenen sieben Morgen, als ich dich hier gefunden,
Hat mich aus deinen Augen ein süsses Weh umwunden,
Den Lebenshauch der klingend aus Wald und Wolken schallt
Entsog ich deinen Lippen, nur du bleibst streng und kalt! —"

Astralis aber weist auf die Palmenblüten, die in Farben, Düften möchten ineinander fliessen, doch „nur blühen sollen sie und nicht geniessen! —" Dann aber strickt sie wieder die Arme um ihn: „Rein glänzt die Mutter-Jungfrau und spendet Gluten doch! —" Da reisst sich Robert los, der Schwur des Templers mahnt ihn, seine Leute eilen heran: „Ritter, die Türken", er stürzt fort. Sie will ihm nach, da ertönt Eudos Stimme, streng und mahnend: „Astralis," wie festgebannt steht sie und flüstert: „Sie zieht ihn, wie mich, die gewaltige Macht, in Blut und Nacht. —" Dem Eingekerkerten erscheint sie und mahnt ihn in einer traumhaften Scene zu Thaten, „sich selbst zu opfern ohne Ruhm und Lohn, seiner harrt das Thal und Astralon."

Und zum dritten bringt sie ihm im Jünglingsgewand das Schreiben des Thals. Schliesslich erscheint sie noch einmal beim Abzug des Ordens im gelben härnen Gewande einer Büsserin, wildflatternden Haares, ein „glühendes Kruzifix in Form eines Richtschwertes in der Hand," und ruft in zerschmetterndem Tone jenen schon oben citirten unheimlichen Reisegruss über den scheidenden Molay und die Seinen. Viel wirkungsvoller ist auch jetzt das Mitternachtslied von Flammen und Tod, das dem Meister gesungen wird, in Eudos, des Thalabgeordneten, Munde, als in dem des farblosen Harfengreises der ersten Fassung, bei dem wir uns nicht viel denken konnten. So ist durch manches Neue — auch die Scene der Wissenden, in der die geheimen Bücher des Ordens verbrannt werden, ist mystischer und ausdrucksreicher geworden durch die Stelle des Kindes, welches das Thal nennt: es ist die Liebe, und auf die Frage: was heisst das, antwortet es lallend, wie wenn eine fremde Stimme aus ihm spräche: „Ich — in mir — wir sind — das Sein!" — so ist also durch alles dies, gerade weil nie etwas direkt und ohne Schlüssel Verständliches gesagt, sondern immer nur vordeutend auf etwas geheimnisvoll Kommendes, einem Grosskophta, der alle Rätsel lösen wird, hingewiesen ist, ein dämmerndes Zwielicht über die etwas nüchterne Historia der ersten Fassung gebreitet und eine geschickt spannende und Stimmung machende Ouverture für das Mysterium des zweiten Teils gegeben.

Ein Summarium der „Kreuzesbrüder", wie Werner seiner Tragödie zweiten Teil nannte, giebt die erste Strophe des Prologs:

„Bereitet ist das Opfer der Verwandlung,
In Frankreich angelandet sind die Templer
Und sieben Jahre schon in grauser Haft,
Verschworen sind die Feinde, sie zu tilgen,
Entschlossen ihre Freunde sie zu retten,
Und über Alle, wie das ew'ge Schicksal,
Erhebet waltend sich das heil'ge Thal." —

Sieben Jahre sind die Templer bereits eingekerkert. Der habsüchtige, auf die Macht des Ordens neidische Philipp von Frankreich hat im Bunde mit Papst Clemens sie ins Gefängnis geworfen. Die Apostaten des Ordens, die wir schon von Cypern kennen, Kapellan Cyprian, Noffo von Noffodei und der Exprior Heribert, denen sich, durch die schönen aber falschen Augen einer französischen Adelheid oder Prinzessin Eboli verführt, der junge Franz von Brienne anschliesst, legen falsches Zeugnis gegen ihre Brüder ab und bringen untergeschobene Beweisstücke für die Anklagen auf Abgötterei und unnatürliche Laster. Der heuchlerische Pater Vincent, dessen gehorsames Werkzeug Cyprian nur gewesen, scheut im Einverständnis mit dem seiner werten Kanzler von Nogaret in dem Process gegen die Ritter vor nichts zurück. Durch Foltern und unerhörte Quälereien werden Geständnisse erpresst. Molays heller Geist ist in Gram und Schmerz umnachtet worden —, und bei ihm sitzen, „wie zwei Heil'genbilder, der alte Hugo, der zum Kind geworden", und der Aufseher des Tempelhauses zu Paris, Guido von Viennois. Den Feinden des Ordens stehen seine Freunde gegenüber; der Kardinal von Präneste, der versöhnliche Priester mit der „sanften Seele" bietet Einfluss und Ueberredungskraft für die Templer auf; Philipp von Anjou, der aus dem stillen Blumenfrieden seines Tempelgartens sich wieder in die wirre Sansara des Lebens gestürzt hat, der schon in Cypern seinen wieder gefundenen Sohn Adalbert in einer „Hasdrubalscene" dem gewalttätigen Philipp von Frankreich Rache schwören liess, geht bis zum Attentat auf den königlichen Frevler, trifft jedoch statt dessen seinen Spiessgesellen auf nächtlichem Liebespfad, Nogaret; der alte Heinrich von Poitou, des verräterischen Franz wackerer Vater, der ehrliche Stelzfuss und Haudegen, Molays Waffengefährte, will den Freund gewaltsam mit einer treuen Schar befreien, der Orden kann jedoch seinem Verhängnis nicht entgehen, denn —

„über alle, wie das ewge Schicksal
Erhebet waltend sich das heilge Thal."

Das „Thal" spielt, wie Werner selbst sagt, „im Dunkel die Rolle des Schicksals", es „führt den König, Nogaret, selbst die Templer wie Marionetten" und zerschlägt, „wie der Künstler eine von ihm selbst geformte missratene Bildsäule zertrümmert, um daraus eine edlere zu formen" [1]), die morsche Hülle des Ordens. Der Vertreter des „Thals" ist der Erzbischof und Präsident des Inquisitionstribunals Wilhelm von Paris.

Er hat sich dieses Amtes, das für ihn, den Weisen und Thalgenossen, eine Hypostase ist, unterziehen müssen, um den Process gegen die Templer nach dem Willen des Bundes zu lenken und die Habsucht, Eigennützigkeit und Rachbegier der

---

[1]) An Hitzig 29. Sept. 1802. Hitzig, a. a. O. p. 30.

niederen Feinde des Ordens, die ihn aus egoistischen Gründen vernichten wollen, in den Dienst des Thals zu stellen, das ebenfalls den Orden verworfen hat, jedoch aus ganz anderen viel höheren Gesichtspunkten als Papst und König. Näheres hierüber sowie über den Charakter des Mannes, der die Fäden des Stückes in der Hand hält, erfahren wir gleich in den ersten Scenen. Wilhelm zeigt sich bei der Erledigung von Gesuchen mit seinem Sekretär (nach Prinz Hettores und Graf Egmonts Vorgange), in dem Gespräche mit dem Kardinal (der Ankläger und der Verteidiger des Ordens), in der Auseinandersetzung mit dem gleissnerischen Nogaret, der untergeschobene Verratsdokumente in dem Process verwenden will (der hohe und der niedere Gegner des Ordens), so wie ihn Werner zeichnen wollte, als ein veredelter, vom Egoismus entkleideter „Richelieu"[1], als „der aus höheren Grundsätzen der Menschheit intolerante Priester"[2]. Festen Schrittes geht er seinen Weg, von keiner Leidenschaft nach links und rechts abgelenkt, ohne Bedenken in der Wahl seiner Mittel, immer die grosse Aufgabe im Auge, jenseits von Gut und Böse, wie Schillers Grossinquisitor:

„Selbst keine Regung fühlend, schont er jede,
Sofern sie nicht sein Hebelwerk berührt."

er behandelt im Gegensatz zu Nogaret und den anderen die Templer, die er opfern muss, menschlich, ist gegen alle unredlichen Beweismittel, gestattet Molay den letzten Besuch bei seiner Schwester, der Aebtissin, und die Oelung.

Im Gespräch mit dem Kardinal entwickelt er die eigentlichen Gründe für den Sturz des Ordens. Die Anklagen, die er gegen diesen richtet, enthalten zugleich eine Invektive gegen die antiromantischen Zeitgenossen Werners. Der Erzbischof verkündet in Versen jene uns schon aus Wernerscher Prosa bekannte Lehre von der „Kirche", jenem Zirkel der Geweihten, der nichts gemein hat mit der niederen Welt, „sie ist das grosse Gleichgewicht vom Schicksal hingestellt zur ew'gen Brustwehr, dass nie er Menschenherrscher sich vermesse, das heiligste der Mensch-

---

[1] An Hitzig 29. Sept. 1802. Hitzig a. a. O. p. 20. — [2] Ibd.

heit anzutasten", die Templer sind von dieser „Kirche" verworfen, da sie entartet sind und, „kaum Schatten mehr der alten Heldenzunft", egoistisch nach Herrschaft streben. Die grössere Schuld aber (die, wie schon bemerkt, im ersten Teil nicht genügend betont wurde) ist, dass sie aufklärerisch dem Volk statt des „Glaubens heitern Himmel" den „freudeleeren Pflichtbegriff"[1]) gegeben, oder um auf die Auseineinandersetzung über die Reaktion des Gefühls zurückzugreifen, Religion mit Moral vermengt und das metaphysische nach Bildern und Mythologie hungrige Bedürfnis der Menge nicht befriedigt haben.

Nach so vielen Vorbereitungen und Hindeutungen werden uns nun endlich im fünften Aufzug des „Thales" Pforten geöffnet. In einem Felsen unter dem Karmeliterkloster zu Paris befindet sich seine heilige Stätte. In der Mitte liegt eine kolossale Sphinx, vor ihr flammt Feuer auf einem griechischen Altar, eine Lotosblume und ein Rosenstock stehen auf einer kleinen Erhöhung, durch eine Pforte erblickt man den Alten vom Karmel, man hört das Schaufeln der an ihren Gräbern arbeitenden Brüder und einen geheimnisvollen Chor, der, wie in den Mysterien des Calderon, die Leitmotive des Ganzen in monotonen Weisen psalmodirt, und vorbedeutend klingt gleich das erste:

„Alles ist zum Sein erkoren,
Alles wird durch Tod geboren
Und kein Sandkorn geht verloren."

In diesem Sanktuarium spielt sich nun die Aufnahme Robert d'Oreddins zum Thalbruder ab. Der verstossene Templer, der, wie wir uns aus dem ersten Teil erinnern, zum künftigen Werkzeug des Thals gezeichnet war, ist dem in jenem Brief aus-

---

[1]) Aehnlich spricht Adam Müller von „der spröden Pflichtenlehre," von dem „unmusikalischen, unrythmischen Zuchtmeister," von der „trockenen, von aller eigentlichen Kunstvorschrift entblössten Lehre vom Unterschied zwischen dem Guten und Schlechten, die dem zarten, leicht verletzlichen, empfindenden und liebenden Herzen hingestellt ist." Von der Idee des Schönen, p. 177—197.

gesprochenen Befehl, nach Paris zu kommen und dort am Tempelturm das „rote Kreuz aus Flammen zu retten," gefolgt, Boten des Thals haben ihn gewaltsam in die Höhle geschleppt, Adam von Valincourt, der Zweitälteste des Bundes, enthüllt ihm, nachdem der Verwirrte durch die „Becher der Stärke, Schönheit und Weisheit"[1]) geweiht worden ist, seinen hohen Beruf und des Thales tiefste Erkenntnis. Da wir ihre Voraussetzungen, sowie Werners mystisches System schon gestreift haben, werden wir ihr schneller Verständnis entgegenbringen, als der „blindgeborene Schotte," der nur langsam begreift.

Die Hauptlehre des Thals ist in nuce schon in einem Verse des Prologs zum ersten Teil enthalten, in dem es heisst:
„Die stolze Ichheit wird ans Kreuz geschlagen."

Aufgabe des Egoismus, der Sonderinteressen, der eigenen Wesenheit, Leben als Teil des Ganzen nicht als Einzelexistenz sind die ersten Forderungen. Diese Verneinung und Ertötung des Eigenwillens (Askesis), die, wie Schopenhauer[2]) sagt, bei den diese Lehre vortragenden Schriftstellern trotz der allergrössten Verschiedenheit ihrer Zeitalter, Länder und Religionen über-

---

[1]) Die „Becher der Weisheit, Schönheit und Stärke" („wisdom, beauty, strength" der Loge) sind ein typisches Requisit aller Geheimgesellschaften. So erwähnt sie Hippel in seiner Zeitsatire gegen die Orden „trauriger und fröhlicher Gestalt von der Ceder auf Libanon bis zum Ysop, der aus der Wand wächst," den „Kreuz- und Querzügen des Ritters A-Z" (1793/94) I, pag. 214. In einer Nathantravestie (Nathan der Weise | Schauspiel von Lessing | travestirt und modernisirt in V Aufzügen | Berlin und Wien bey Nathan und Comp. 1804. K. B. Yr. 8613), worin die Ringparabel nicht auf die Konfessionen, sondern auf die geheimen Logen angewendet wird, von denen jede glaubt, „im Besitz des höhern Lichts zu sein," heisst es von dem Maurer: „Durch Weisheit, Schönheit, Stärke | Schafft er die neue Welt und alle Meisterwerke" (p. 35).

Die Becher erscheinen ferner im „Essai sur les Illuminés" des Herrn von Luchet, woraus Carlyle in seinem „Cagliostro" spöttisch lächelnd die Schilderung der Reception mit Blut und Dunkel citirt.

Auch an die Statuen der drei Könige in Goethes Märchen wird man erinnert.

[2]) Welt als Wille und Vorstelluug (Reclamsche Ausg.) II, p. 722.

raschend übereinstimmen, spielt ja in dieser Zeit wieder eine grosse Rolle, wo man die Mystiker des Mittelalters, bei denen die „Entichung" Kern der Lehre ist, eifrig las, wo die Schriften der quietistischen Guyon ihren Einfluss übten (Beispiele, wie diese Lehre auf ein weiches Gemüt wirkte, findet man im „Anton Reiser"[1])), wo pietistische Strömungen, herrnhuterische Ideen in Philosophie und Dichtung herrschen.

Diesen Richtungen kam es einzig darauf an, durch die „Gelassenheit des Wollens, durch Entleerung desselben von allen Interessen an Kreaturen, durch Vernichtung der Selbstheit"[2]) direkt die Erfüllung mit Gott zu erstreben; von den evangelischen Pietisten, die ihre Seligkeitsvorstellung von dem heiligen Bernhard abgelernt haben, wird sie durch ein Gefühl der Freude konstatirt, von den Quietisten, deren Seligkeitsbegriffe auf den Franziskanertheologen Duns Scotus zurückgehen[3]), in der erreichten Passivität der Ruhe ohne jedes Gefühl von Lust[4]). Das Thal verfolgt jedoch durch die Forderung der Aufgabe des Eigenwillens zunächst noch einen andern Zweck. Der Wille des Einzelnen soll im Willen des Thals aufgehen, und so erhebt dieser grosse Gesamtwille, aus vielen kleinen Faktoren zusammengesetzt, die alle ohne Sonderinteressen auf etwas Gemeinsames zustreben, sich zu einer Art von Allmacht. Man wird an die Jesuiten, jedoch nur, um ein Wort Werners über diese Aehnlichkeit[5]) zu brauchen, „quoad formam nicht quoad materiam" erinnert, oder an die Assassinen, zu derem „Alten vom Berge" hier der „Alte des Thals" ein Pendant wäre. Und die Aufgabe

---

[1]) Karl Philipp Moritz, Anton Reiser 1785—90. Neudruck 1886. Z. B. p. 61 „Und wenn er sich besonders von der Arbeit ermüdet, seine Kräfte erschöpft und von seiner Arbeit gedrückt fühlte, mochte er sich am liebsten in religiösen Schwärmereien, von Aufopferung gänzlicher Hingebung u. s. w. verlieren." Auch p. 1, 6, 16, 17.

[2]) Ritschl, Geschichte des Pietismus I p. 471. — [3]) Ibd. p. 468. — [4]) Ibd. p. 471, cf. auch 473

[5]) Gesellschafter a. a. O. 1837, p. 73.

des Thals ist die der Wernerschen Kirche", Vergöttlichung der Menschheit durch Ertötung des Eigenwillens. Einen Kampf der Guten mit Laster und Irrtum wird es geben. Der Irrtum, durch die grosse Menge repräsentirt, ist zunächst zu gewinnen, man darf ihm jedoch (und nun kommen wir auf längst Bekanntes) nicht die ganze Wahrheit geben, — „wenn der Blinde plötzlich sehend wird, verträgt er wohl der Sonne Licht?" — so ehren die Thalbrüder jedes Volkes Glauben, sind in Frankreich Klosterbrüder, am Ganges Brahminen, und — „da der Mensch es einmal nicht vermag, die Gottheit ohne Mittler anzuschauen, so leihen sie durch Messias und Prometheus, durch Horus, Wischnu, Eros, Thor und Christus dem staubbedeckten Geiste Flügel, um sich zu seinem Urquell aufzuschwingen." Es ist besser der „Formen abenteuerlichste dulden, als den Kristall gestaltend zu zerbröckeln." Der Zusammenhang dieser Idee mit der in der Einleitung besprochenen, Friedrich Schlegelschen Forderung einer symbolisirenden Mythologie und dem System Schleiermachers ist leicht erkennbar.

Mit den aus dieser Lehre gezogenen Konsequenzen rechtfertigt Adam Robert gegenüber die Opferung des Tempelordens. Es sind die uns schon aus der Scene zwischen Erzbischof und Kardinal bekannten Gründe, deren Erörterung wir uns hier ersparen können.

Die erste Handlung der Selbstentäusserung ist das Aufgehen im Thal, „die Reinigung," „die letzte ist der Tod; und das was uns dem Ganzen wiedergiebt, die herrliche Verwesung ist die Krone," so ist das letzte Ziel, wie bei den Mystikern, Quietisten und Asketen, das Heraustreten aus den Fesseln des Körpers, Aufgehen und Zerfliessen im All, und der Sünde grösste, die „Irreligiosität," von der Schleiermacher spricht, ist der Wunsch persönlicher Unsterblichkeit, der

„krüpplichten Unsterblichkeit.
Die unser eignes jämmerliches Ich,
So dünn und kläglich — so mit allem Unrat
Nur fortspinnt ins Unendliche."

Den Tod, das memento mori, muss der Thalbruder stets vor Augen haben, denn der Tod, der von uns so gar nichts übrig lässt, ist das Symbol der Selbstverläugnung. Die Weisheit des Thals, die, um es zusammenzufassen, um das Mysterium der Palingenesie sich dreht, ist gemäss der uns im Laufe der Betrachtung vertraut gewordenen Ansicht, dass man „der Worte wahren Sinn im Bilde nur begreift," dass man, um ein ganz im Sinn des „Thals" gesprochenes Wort Friedrich Schlegels anzuwenden, „das unsterbliche Feuer nicht rein und roh"[1]) mitteilen soll, symbolisch eingekleidet, der nackten Wahrheit sind Schleier gemacht. Das mythische „Vehikel"[2]) für diese ist hier die Phosphoruslegende, die Robert durch den Alten vom Karmel vorgelesen wird. Werner sagt in seinem sie mehr verdunkelnden als verhellenden Kommentar, den er seinem väterlichen Freunde" Scheffner giebt[3]), die „Einkleidung" sei ganz seine „Erfindung," „das System mag schwärmerisch sein; ich habe es mindestens nicht gestohlen und als Teres totum et rotundum in mein Inneres verwebt." Doch erinnert die Legende sehr an das gnostische System und dessen Elemente in Jakob Böhmes Mystik.

Phosphorus ist das Aeon, das, nicht zufrieden mit dem Lichtreich verwoben zu sein, eine Sonderexistenz verlangte, in Hochmut und Wahn zu werden „Ein und Etwas," und das nun in dem Kerker Leben eingeschlossen, mit einem Gewand von Erde und Wasser umhüllt und des Gedächtnisses seiner hohen Abkunft beraubt wird. Erlösung wird ihm erst versprochen, als die Sehnsucht des Zerfliessens über ihn kommt, der „Wahn

---

[1]) Lucinde (1799). Reclamscher Neudruck p. 20.
[2]) Schopenhauer, Welt als Wille und Vorstellung II. B. p. 741 (Reclamsche Ausg.), wo von den symbolischen Einkleidungen gesprochen wird.
[3]) In einem Brief vom 13. Nov. 1804 (Warschau). Blätter für litt. Unterh. 1534, p. 1170. Das Verhältnis Werners zu Scheffner, der in dieser Zeit 68 Jahr alt in Königsberg lebt, wird bei Gelegenheit des zweiten Warschauer Aufenthalts Werners zu besprechen sein.

zu werden ein und etwas" schwindet, und das höchste Ziel ihm
aufgeht: zu werden wieder „Nichts und Alles," als er seine einzige Realität in der Verschmelzung mit der Gottheit wiederfindet.
Um den Phosphorus dahin zurückzuführen, sind ihm zwei Heilande
bestimmt, das „Wort in Erde" (der Cristus-Logos der Gnostiker,
der einen Scheinleib angenommen) und „der Heiland aus den
Wässern," der Tod mit der Verwesung, der den Körper, das
Gefängnis, zerbricht und das „Phlogiston" frei macht. Die Botin
des Erlösers Tod, der also auch göttlicher Kultus gebührt, ist
die Krankheit, die den groben Stoff schwächt, „dem feinsten
(dem Licht und der Seele) freieren Spielraum giebt." „Die Krankheit hemmt das organische, befördert das göttliche Wirken" [1]).
Wir wissen, dass Werner den Tod als das „non plus ultra der
Wollust" bezeichnet hat, da er das Gefühl der Aufgabe der
Wesenheit, des Heraustretens aus dem Ich, des Zerfliessens und
Aufgehens, das im Liebesgenuss ein blitzartig vorübergehendes
ist, zu einem dauernden machen soll. Aus dieser engen Verbindung von Liebe und Tod erklärt sich nun die sinnlich gefärbte
Verherrlichung desselben, das verzückte Schwelgen in Folterwonnen und Martyrien. Und der letzte psychologische Grund
dafür ist die alte Verwandschaft von Religion, Wollust und
Grausamkeit, die eben darin besteht, dass diese Trias die stärksten
Sensationen im Menschen hervorrufen kann [2]).

---

[1]) Blätter für litter. Unterh. 1834, p. 1171. Dem Phosphorus entspricht in der modernsten Mystik der „Astralkörper," cf. Kiesewetter, Geschichte des neueren Occultismus, p. 772, 773, 776.

[2]) Die Litterarhistoriker sind nicht allzuhäufig darauf eingegangen. Georg Brandes sah die wollüstige Mystik als wichtigen Faktor der Romantik an, Erich Schmidt hat in den „Charakteristiken" bei Gelegenheit Heinrich Kleists dies bedeutsame Moment angedeutet. Arnold Ruge giebt (Schriften IV, p. 237) eine interessante Definition: „Wollust ist Selbstgenuss in der Aufhebung des Selbstgefühls, in diesem Streit des Selbstgefühls und Vernichtungsgefühls. Auch in der Wollust setze ich mich in den anderen und gebe mich zugleich darin auf, wie dies in Andacht und Extase mit Beziehung auf das Absolute geschieht. Grau-

Schon vor den „Söhnen des Thals" hat diese Todessinnlichkeit Werners Ausdruck gefunden in seiner „Ouvertura Psyche-Galatea"[1]) mit dem Wort des heiligen Augustin als Motto: „Fecisti nos ad Te, et cor nostrum irrequietum est, donec requiescat in Te." Dies Gedicht singt, der hellenisch sonnenhellen Heiterkeit des Goetheschen Triumphzuges der Galathea gegenüber, in brünstigem Liebesstammeln und wahnwitzigem, kaum verständlichem Klag- und Wonnelallen von der taumelnden Irrfahrt der Psyche Galatea, die in „wonnigen Schmerzen", in „brennender Freudenpein" durch des „gährenden Meeres grünende, glühende Wogen" dahinzieht, „durch Meer und Gewölk und Azur zu saugen den liebenden Tod"

<blockquote>
Alles verbindet, entzündet,
Alle die Augen, sie saugen,
Allen den Brüsten gelöstets,
Alle die Fluten in Glut."
</blockquote>

In den Thalsöhnen gehören hierher alle die Stellen, in denen mit einer gewissen an herrenhutische „Blutandacht"[2]) gemahnenden Verzückung vom Blut gesprochen wird, der „Blutbräutigam ew'ger Liebe wird angerufen", in Visionen sieht man die „Erde im Blut schwimmen" (Prolog zum II. Teil), „aus Blut und Dunkel quillt Erlösung," Astralis wird von der „ge-

---

samkeit ist abstrakte theoretische Wollust, im Vernichtungsgefühl des anderen sein Selbstgefühl zu haben und in diesem Kitzel sich selbst zu geniessen. Der Selbstgenuss in seinem Anderen ist Religion, Grausamkeit, Wollust, und in allen diesen dreien ist dieser Selbstgenuss extrem bis zum Schmerz und bis zur Ueberspannung, denn eben darin liegt der Reiz und der Kitzel. In allen dreien wird die Humanität überschritten und aufgehoben."

[1]) Werke I, p. 117.
[2]) Ueber diese, zugleich also auch über ihre Reflexe in den Dichtungen der Romantiker, vor allen, wie wir gleich sehen werden, des Novalis, sagt Bengel ein treffendes Wort: „Sie machen aus dem teuern Blut Christi ein Opium, womit sie sich und andere im Gewissen um den Unterschied dessen bringen, was Recht und Unrecht ist." Hagenbach, Kirchengeschichte, Lpg. 1871. VI, p. 412.

waltigen Macht in Blut und Nacht" gezogen: Blut, Dunkel und Azur sind typische Wendungen in der Ordenssprache der Thalgenossenschaft. Ferner die "Dornenkränze." "Marterkronen," "Schmerzensschwerter" und der "rosenrote Kreuzestod." Hierher gehört vor allem das "Lied der Liebe," das der treue Troubadour auf Wunsch des siechen Molay diesem im Kerker vorsingt, das widerwärtigste Gedicht der deutschen Litteratur, auf das besser als auf die Braut von Korinth das Wort der Frau von Staël von der "volupté funèbre"[1]) passt, die "Ballade vom Ritter aus Sidon" (II. Akt. 8. Auftr.). In widerlicher Allegorie wird hier noch vor der Verkündung der Thalweisheit, die ja erst im fünften Akt erfolgt, die Lehre derselben, dass "im Tode nur das Leben geboren wird," dass "aus der Verwesung grünem Staube, in Nebelfernen eine Rosenlaube steigt," dargestellt [2]).

Ein Ritter stürzt sich um Mitternacht in das Grab der toten Braut und "raubt ihr trunken sich selbst nicht bewusst der Unschuld lieblichste Gabe." Und "als ihm in Gluten die Seele zerrann," da prophezeit ihm eine Stimme, "nach dreimal drei Monden, du Schlummergenoss, komm wieder! dann lieget der Mutter im Schoss, der Sohn der Verwesung im Grabe." Die Verheissung erfüllt sich, der Ritter findet nach jener Zeit, "mit Dornen und Rosen umlaubt, im mondlichen Glanz eines Kindelein Haupt am Busen der Mutter im Grabe." Den stärksten Ausdruck findet die erotische Euthanasie in dem sechsten und letzten Akt der Kreuzbrüder, mit dem das Stück zum Martyrium, zum Auto da Fé wird.

Der Versuch Philipps von Anjou, durch Ermordung des

---

[1]) De l' Allemagne, Chap. XIII. Nouvelle Edition. Paris 1886, p. 198.

[2]) Womit zugleich auch die "Vierteljahrsschrift" Bd. III, p. 483 von Rich. M. Werner bei Gelegenheit der "Marquise v. O." gegebenen Variationen über das Thema "l' amour fait alliance avec la tombe" (Staël, a. a. O.) um ein Beispiel vermehrt wird.

Königs die Templer zu retten, ist, um einen Rückblick zu thun, missglückt, Philipp selbst gefangen. Molay erkauft durch das freiwillige Geständniss von des Ordens angeblicher Schuld vom Erzbischof Wilhelm, in dem er noch nicht den Gesandten des Thals erkennt, die Freilassung Anjous. Und nun ist Molay erst würdig das Thal zu schauen, nachdem ihn Eudo (uns aus dem ersten Teil schon bekannt) im mystischen Liede vorbereitet und ihm verkündet, dass er durch die Märtyrerkrone begnadigt werden soll, wird auch er, wie vordem Robert, in die Höhle der Mysterien geführt. Aber während dieser nur im Vorhof weilte, öffnet sich dem bald Vollendeten das Allerheiligste, „ganz mit Gold und Licht bekleidet." Als tiefstes Symbol, das wir hier nicht noch einmal zu deuten brauchen, erhebt sich in ihm ein mit Rosen bedeckter hoher Grabhügel (l'amour avec la tombe).

In gold-, silber-, feuerfarbenen, in luftblauen, wassergrauen Gewändern (die ganzen Aeusserlichkeiten sind, was für Werner bezeichnend, mit einer fast liebevollen Sorgfalt angegeben) walten die Todesbrüder an kleinen griechischen Altären, mit ihren Rauchfässern und Harfen. Unter Saitentönen und Glockenklängen erfolgt eine kurze mystische Sequenz, die jedoch nichts Neues bringt. Der Grossmeister des Thals, der „über dem Grabhügel, in der Gestalt eines schönen Jünglings, in ein langes blutfarbenes Gewand gekleidet, mit einer Dornenkrone auf dem Kopf und einer Kreuzfahne in der Hand erscheint, spricht zum Schluss die Worte:

„Die Gestalt und das Wort und das Licht sind Gott."

Die Mystik dieser Scene liegt zum Unterschied von der Weihe Roberts weniger in Worten, als in Farben, Tönen, Symbolen. Nach diesem Akt ist der irdische Wille in Molay ertötet, ihn beseelen nur noch glühende Kreuzestriebe. Alle Rettungsversuche seines alten Freundes, des Kardinals, des Seneschalls von Poitou, weist er von sich, „unaussprechlich schwelgt er in der Verwandlung Wonne," und dieser Gefühle glühendsten

Erguss strömt er in den Worten aus, die uns noch einmal jene fieberdurchbebte Empfindungswelt darstellen:

„es kommt die Zeit — wo alle Menschen
Den Tod erkennen — freudig ihn umarmen,
Und fühlen werden, dass dies Leben nur
Der Liebe Ahndung ist, der Tod ihr Brautkuss,
Und sie, die, mit der Inbrunst eines Gatten
Im Brautgemach, uns vom Gewand entkleidet —
Verwesung, Gluterguss der Liebe ist!"

Verwesungssehnen überkommt nun auch Wilhelm, der vor der Welt noch Erzbischof ist, er spricht (auf sein Gesicht zeigend)

„O dass diese Röte
In Schnee, und dieser schon in Grün zerrinne! —
Dann spreng ich meine Band', und bin bei dir!"

Er verspricht Molay noch, dass man seiner im Thale nicht vergessen wird,

„Vergassen wir denn Mosis und Osiris,
Johannis, Christi? — Dein Name strahlt bei ihren!"

und scheidet dann von ihm. Molay aber zieht begeistert zum Hochgericht, zum Opfer, zur Verklärung. Der Alte vom Karmel geleitet ihn zum Scheiterhaufen, ein Blitz entzündet diesen, der Märtyrer stürzt sich in der höchsten Entzückung, „Gesicht und Hände zum Himmel hebend," mit dem Ruf: „zu dir! zu dir! —" in die Flammen. — Den Schluss bildet die Weihe der Kreuzbrüder, d. h. der kleinen Schar, die unter Roberts Führung, des auserlesenen Rüstzeugs, des Fortinbras der Templergenossenschaft, bestimmt sind, des Thals Mission auf Erden zu erfüllen. Kreuzbrüder nennen sie sich, weil sie zum Gedächtnis, dass sie den „Tod erblickt", auf einem Stück von Molays Mantel mit der Hälfte des darauf gesetzten Kreuzes schwören. Ihre Aufgabe hält ihnen endlich noch einmal „Bruder Wilhelm von Paris ehedem Erzbischof von Sens," vor, er bringt ihnen den Segen der Väter und als Palladium eine geheimnisvolle Truhe, die „den Tod, die Kraft, die Gährung und den Frieden" enthält[1]).

---

[1]) d. h. wie Werner es selbst Scheffnern interpretirt (Bl. f. litt. Unterh. 134, p. 1870): die Belege zu der ganzen Weisheit des Ordens,

sowie die Glocke des Thals. Sein Geleitwort ist natürlich noch einmal die Zusammenfassung der bekannten Ideen, die Werner nicht oft genug anbringen konnte.

Der Jünger soll in die Kunst hinein geführt werden, was „Regel war, wird dann Musik ihm sein," „doch was ihr lehrt, so sei es Zeichen nur! Aus sich heraus muss es der Jünger winden,"

„Und wenn im Tod er dann das Leben fand
So führet ihn zu eurer Väter Hallen,
Und zeiget ihm des Glaubens heilig Band;
Von Tausend wird das Loos dann einem fallen,
Dass er, dem Stifter uns'res Bunds verwandt,
Gesellet wird den Auserwählten allen.

Während die Sonne aufgeht, und über der Thalshöhle transparent unter dem Namen Jesus die Namen Johannes, Molay, Andreas erscheinen, ziehen die Kreuzbrüder dahin.

Wir aber sagen, nachdem dies alles verklungen ist, mit einem Wort Friedrich Schlegels, das dieser den „Reden über die Religion" zugerufen[1]):

„Der Vorhang reisst und die Musik muss schweigen.
Der Tempel auch verschwand und in der Ferne
Zeigt sich die alte Sphinx in Riesengrösse."

Und nicht erscheint uns die Konstituirung der Wernerschen „Kirche" (die er übrigens nicht nur auf der Bühne, sondern auch auf der Erde ins Leben rufen wollte) als eine Lösung des Problems, die Menschen zu bessern und zu bekehren; wie anders wirkt gegen ihren dumpfen Quietismus, ihr memento mori, ihre erschlaffende Gefühlswollust gehalten das memento vivere, die vita

---

„der aus Ertötung des Eigenwillens die göttliche Kraft in uns zu erzeugen bestimmt ist, so wie aus Erstarrung des Materiellen (Tod) das Leben wieder neu in der Gährung (Verwesung) und aus ihr die Beschwichtigung der streitenden Kräfte (Friede) entsteht."

[1]) Fr. Schlegel, Werke (Wien 1823) IX p. 18 (zuerst im Athenäum III¹ p. 234). Auch in Dilthey, Leben Schleiermachers I, p. 43.

activa der Goethischen Internationale; der Vergleich der beiden Welten illustrirt das Nathanwort:

> Begreifst du aber
> Wie viel andächtig schwärmen leichter, als
> Gut handeln? wie gern der schlaffste Mensch
> Andächtig schwärmt, um nur, — ist er zu Zeiten
> Sich schon der Absicht deutlich nicht bewusst —
> Um nur gut handeln nicht zu dürfen?

Ein interessantes **psychologisches** Denkmal bleibt jedoch die Wernersche Dichtung immerhin, und nur als solches, nicht als poetisches Werk muss sie betrachtet werden.

Mit seiner erotischen Mystik, die sich in den Thalsöhnen vor allem in der sinnlichen Verklärung und Ausdeutung des Todes und der Krankheit, dem wollüstigen Schwelgen in Blut und Wunden zeigte (in späteren Stücken wird sie sich von anderen Seiten betrachten lassen), steht Werner, dies auseinander zu setzen sei Aufgabe des folgenden Exkurses, keineswegs allein da.

Blicken wir zurück, so müssen wir uns, um nicht auf die doch zu weit ablenkende patristische Marterlitteratur einzugehen [1]), an das 17. Jahrhundert, das Zeitalter des grossen Leidens wenden, und des brünstigen Schmerzes Dichter sind Spee, Angelus Silesius, Jacob Balde. Eigen ist ihnen allen ein weichlich-wollüstiges Versenken in die Passion Christi.

Die Vereinigung der beiden Empfindungswelten, Erotik und Passion, scheint bereits das Titelbild der Speeschen Schriften zu symbolisiren . . . eine Renaissancelandschaft, an einen Liebesgarten erinnernd, in der Mitte ein Springbrunnen, aus fünf Röhren strömen die Wasser in das Becken der Fontäne, ein Schwan zieht seine Kreise, Blumen spriessen aus der Erde, eine Taube schwingt sich hernieder, und in dieser Idylle hängt an einem Baum mit kreuzförmigen Aesten Christus, mit den Nägeln durch Hände und Füsse, das Gesicht verklärt, über der Dornenkrone

---

[1]) Cf. über sie Ebert: Allgemeine Geschichte der Litteratur des Mittelalters im Abendland. Leipzig 1874-87, III. B.

den Heiligenschein. Gegenüber am Quell sitzt Psyche, den Pfeil im Herzen, mit halbgeöffneten Lippen, schmachtenden Augen blickt sie auf den gefolterten Leib des Herrn. Die gleichen Motive finden sich bei Silesius. Das II. Buch seiner „Geistlichen Seelenlust"[1] heisst „der blutige Jesus," es ist Psyches Andacht zum Kreuz. Sie will ein „Bienlein auf den Rosenwunden sein"[2], ihrer „Seele Mund an Christi offne Brust ansetzen"[3], seines „Blutes Honigseim" zu schlürfen. Sie betrachtet die „ausgespannten Arme und Hände, uns zu umbhalsen, zu umbfangen"[4]. — In der Prosa vertritt diese Richtung, aber kräftiger und packender, der sprach- und bildergewaltige Martinus a Cochem.

Näher noch als diese liegt uns aber ein Gedicht Baldes, das jene Todesverherrlichung Werners in noch grellere Farben malt. Es steht lyric. lib. III und heisst:

„Genoveva, sancta virgo Parisiensis, desiderio in coelo Christum, mortem sponsum suum nominare solita"; von Gryphius Freund Schönborn wurde es übersetzt und dessen „Kirchhofsgedanken" beigefügt, deren Motto war „bey noch blühender Jugend die Welt verlachen und aus dem Kirchhof einen Parnass zu machen"[5].

Genoveva spricht zum Tod:
„Es haben liebster Schatz! die beiden Freyensmänner,
Die Krankheit und der Schmerz (ach süsse Lebenstrenner)
Mich deine Braut, sehr reich bezieret und beschenkt.
Es sind die püschel schon zu blumenkränzen da,
Die Hochzeitsfackel brennt, wie auch das Lampenöle.
Ich liebe gar nicht so, wie man wohl in gemein
Sich in ein junges Blut scharf zu erhitzen pfleget.
Ein winterlicher Schnee, der sich herum geleget

---

[1] Breslau 1657. [2] p. 166. [3] p. 175. [4] p. 152.
[5] Andreas Gryphius, Lyrische Gedichte, herausgegeben von Hermann Palm. Stuttgart (Litterarischer Verein Nr. 171) p. 260-264. Gemildert ist die Brunst des Originals in der Herderschen Baldeübersetzung (Werke ed. Suphan XXVII p. 90, „die langsam Sterbende"); A. W. Schlegel handelt darüber in seiner aus einer Terpsichore-Kritik herausgewachsenen Charakteristik Baldes (A. W. Schlegels Werke, ed. Böcking X, p. 396).

Um meines liebsten Kopf, ein abgefleischtes Bein,
Ein ausgefrornes Eis, ein leichengleichs Gesicht, das, das ist
meine Glut,"

Grauenvoll werden die Vorbereitungen zur Todeshochzeit geschildert, das „süsse Schlafgemach, der Sarg" wird geputzt, der „Brautkranz aus Traurcypressen mit Buxbaum" besteckt, für den Bräutigam finden sich Trabanten ein, die

„den verworrnen Kopf, dein nattervolles haar
Mit sonderbarem Fleiss schlecht und zu rechte machen;
Die aus dem Rückengrad und zungenlosem Rachen
Und aus der Augenkluft die Schlangen alle gar
Zusammenziehn, damit sie eine Leichenkron
Der abgefleischten Stirn fein aufzusetzen hätten." —

Der Wundenkultus der katholischen Lyrik wird in widerlich süsslicher Form von den Herrnhutern adoptirt, die jene berüchtigte „Seitenhöhlchen"-Verehrung aufbrachten. Die Wunden werden in der „Wundenlitanei"[1]) als „hohle, saftige, niedliche, warme, weiche" bezeichnet, das Seitenhöhlchen ist die „warme Lagerstätte", die Ausdünstung des Leichnams am Kreuz die „Kreuzesluft, die die Seelen herbeizieht."

Die Todeserotik schweigt im 18. Jahrhundert; die Cypressen- und Friedhofsstimmung, wie sie unter dem Einfluss von Youngs Nachtgedanken in die Klopstocksche Lyrik kam, ist ja mehr schwärmerisch-sentimental als sinnlich; ganz vereinzelt findet sich das sensuelle Element in Millers „Siegwart", im Tagebuch der Sophie[2]). An den „Palmengeber", den „Befreier" Tod klammert sie sich im Gebet: „Komm, o komm! ich will mich nicht sträuben dir zu folgen, ich will dich umfangen, wie die Braut den Bräutigam."

Den wahren Todeserotiker aber brachte erst die Romantik hervor, es ist Novalis. Werner scheint ihn nicht allzufrüh kennen gelernt zu haben, in den Briefen an Hitzig aus den

---

[1]) Varnhagen von Ense hat in seinem Leben des Grafen Ludwig von Zinzendorf (Berlin 1830) die krassesten jener, später aus den Gesangbüchern getilgten Lieder bewahrt, cf. p. 283—87.

[2]) Miller, Siegwart, II. A. Leipzig 1777 II, p. 470.

Jahren 1801 und 1802 kommt sein Name nicht vor, während der schwächliche Wackenroder ein „religiöser Koloss" genannt wird, den er „aus der Erde kratzen möchte." Erst 1804 in einer Recension[1]) des Chamisso-Varnhagenschen Musenalmanaches spricht er von ihm, stellt ihn zusammen mit Wackenroder; ein „paar Sionsblumen, die zu früh schon geknickt" wurden, nennt er sie; Novalis ist ihm (er verweist dabei auf Tiecks „unvergleichliches" Sonett auf Hardenberg im Schlegel-Tieckschen Musenalmanach für 1802, p. 187) der „unvergessliche Kunstgenius, der zum Licht, was sich so in ihm spiegelte, wieder zurückgeflossen ist." 27. Mai 1805 schreibt er an Scheffner in einem Briefe[2]) von dem „himmelhoch über mich erhabenen Novalis". An Varnhagen schreibt er 1806[3]), dass er von „allen neuen Heiligen nur den heiligen Novalis anerkennt." —

Seltsam schwüle Weisen gehen nun von diesem aus. „Im Tode ist die Liebe am süssesten; für den Liebenden ist der Tod eine Brautnacht, ein Geheimniss süsser Mysterien"[4]); „zur Hochzeit ruft der Tod"[5]; „welche Wollust, welchen Genuss bietet dein Leben, die aufwögen des Todes Entzückungen"[6]), heisst es. —

Diese Töne klingen bei ihm immer wieder, und als Leitspruch kann man seinen Schriften sein eigenes Wort geben:
Wehmut und Wollust, Tod und Leben
Sind hier in innigster Sympathie.[7])
Aus den Grüften schallt des Liebestammelns Raserei, und

---

[1]) Warschau 1804 geschrieben. Handschriftlich. Kgl. Bibliothek.

[2]) Blätter für litterarische Unterhaltung 1834, p. 1181.

[3]) Unvollendeter, nicht abgeschickter Brief. Handschriftl. Kgl. Bibliothek zu Berlin.

[4]) Fragmente III. Moralische Ansichten. Werke ed. Tieck und Schlegel, III. Aufl. Berlin 1815, II, p. 271.

[5]) u. [6]) Hymnen an die Nacht. V. III.

[7]) Novalis, Heinrich v. Ofterdingen. II. Teil. Astralis. Werke I p. 219.

es flüstert vom „süssen Reiz der Mitternächte" und der „Wollust rätselhaften Spielen."

„Alles, was wir nur berühren,
Wird zu heissen Balsamfrüchten,
Wird zu weichen zarten Brüsten,
Opfer kühner Lust."[1])

Wie ein Motto zur Sionsritterballade erscheint das Distichon:

„Ist es nicht klug, für die Nacht ein geselliges Lager zu suchen? Darum ist klüglich gesinnt, der auch Entschlummerte liebt."[2])

So ähnlich diese Ideen sich bei Werner und Novalis sehen, so verschieden sind ihre Voraussetzungen; nicht aus einem Haschen abgehetzter Nerven nach neuen Reizen entsprang diese Todespoesie bei Hardenberg; ein weiches Gemüt, früh an herrenhutischem Gefühlsüberschwang und Passionsbetrachtung genährt, verlebte einen kurzen Liebesfrühling, noch bevor die Liebenden einander ganz erlangen, rafft der Tod die Geliebte plötzlich dahin. Religiöse Exaltationen, zerreissender und zerrüttender Schmerz, der schliesslich zum Reiz wurde, leidenschaftliche Liebe, durch das Bewusstsein verzichten zu müssen, bevor sie besessen, zum höchsten gesteigert, haben in Novalis den erotischen Mystiker geweckt; aus dem Grabe, in das er die jungfräuliche Sophie hatte betten müssen, wuchs die Passionsblume seiner Dichtung. Freilich hat er sich dann so brünstig in die Ideen der „Association von Wollust, Religion und Grausamkeit," auf deren „innige Verwandtschaft" er selbst hinwies[3]), hineingewühlt, dass ihn selbst Werner nicht übertreffen konnte, man denke vor allen an jenes Siebente der „Geistlichen Lieder," jene Abendmahlshymne, in der schwülste Gefühlsverwirrung zittert, in der das Geniessen des heiligen Leibes und das Schlürfen des Blutes sich mit trunkuem Liebestaumel zum höchsten Sakrament eint[4]).

---

[1]) Novalis, Heinrich v. Ofterdingen, II. Teil, p. 252. — [2]) Ibd. III W. II p. 272.

[3]) Fragmente III, Werke II, p. 250, 251.

[4]) Das tiefste Mysterium des Christentums, das Nachtmahl, ist, gewiss wegen der in ihm liegenden Idee der Vereinigung mit dem „Seelen-

Novalis spricht sich ferner deutlich über das System von „Sünde und Versöhnung" aus. Von Werner haben wir hierüber keine Aeusserungen, es wird jedoch gewiss auch in ihm tiefe Wurzeln gefasst haben, da er nur dadurch die Widersprüche seiner Natur, Hang zur bösen Lust und Religiosität lösen konnte;

---

bräutigam", dessen Fleisch und Blut man in sich aufnimmt, häufig mit erotischen Vorstellungen durchsetzt worden. Aus Görres Christlicher Mystik, diesem schauerlichen Pandämonium erfahren wir, wie zwischen den Heiligen und der Hostie ein förmliches Liebesverhältnis stattfindet. Auf die in demselben Work (IV² p. 158; auch Paracelsus de peste lib. III. Trac. 4; cf. Kiesewetter, Gesch. des mod. Occultism. p. 64. 65) angeführte Verwendung der Hostie als Aphrodisiacum braucht hier nicht weiter eingegangen zu werden. — (In Frankreich, wo ja jetzt wieder eine Renaissance der Mystik herrscht, spielen auch diese Ideen ihre Rolle, wie man aus den Beschreibungen der messes noires in Huysmans Là-bas sehen kann.)

Dem Cynismus bedenklich nah kommt das Gedicht Zinzendorfs (cf. Varnhagen a. a. O. p. 286), das in den niedrigsten Wendungen die erotische Symbolik des Abendmahls blosslegt:

> Wenn ich ihn essen kann
> So ists mir am gesündsten,
> Und wenn mein lieber Mann
> Sein Oel lässt in mich dünsten.
>
> Weil aber diese Gnad
> In einem Sakrament
> Das man nicht immer hat
> Dem Leib wird zugewendt,
> So muss ich mir nun schon
> Beim Wachen und beim Schlafen
> Imagination
> Für meine Seele schaffen.

In den Wahnsinnsscenen der Kleistschen Penthosilea, die das Wort aus der „Lucinde" (Neudr. p. 13) „es liegt tief in der Natur des Menschen, dass er alles essen will, was er liebt," verwirklicht, ist auch dies Element enthalten. In Brentanos Godwi (II. 120) heisst es von Violetta: opfern wollt' ich sie, emporgehoben, wie der Priester opfert, die ganze Natur würde niederknien und ans Herz schlagen, wie das Volk, und hätte sie gesprochen, wie der göttliche sprach — „nimm hin, das ist mein Leib" — o wie sollte sie unter meinen glühenden Küssen in auch E. Th. A. Hoffmann sucht in dem „Stigma der Sünde"[1]) den Schlüssel zu Werners Leben, Glauben und Dichten. So wird durch eine kurze Abschweifung auf die Bemerkung Hardenbergs zugleich ein Licht auf den Charakter Werners fallen. Novalis ging aus von der pietistischen Auffassung[2]) der Sünde als ein Mittel, den Menschen zerknirscht, tiefer tief zu nichto zu machen, und den im Staube Liegenden ex profundis nach der göttlichen Gnade lechzen zu lassen. In Woltersdorf „neuen Liedern" (1768) heisst es:

„Wollt ihr zu Jesu Heerden
So müsst ihr gottlos werden,
Das heisst, ihr müsst die Sünden
Erkennen und empfinden."[3])

mich selbst zerrinnen und ich in sie." Verwandt dem Vorstellungskreis, wenn auch entfernter, sind die Goethischen Verse aus dem Faust „Ja, ich beneide schon den Leib des Herrn, Wenn ihre Lippen ihn indess berühren" und die Tieckschen („Kaiser Oktavian" Schriften I, p. 92): „Die Sünderin vergass den Leib des Herrn, wenn sie nur deine Lippen rühren durfte." Als modernes Beispiel seien noch Zeilen aus Grisebachs Tanhäuser in Rom" (Cap. XVII) angeführt, der so seltsam in unsern Tagen leichte Erotik mit buddhistischer Weisheit und Ekhardscher Erkenntnis verbindet. „Wie St. Pachomius in Extase betet zum heilgen Leib des Herrn — strahlt ihm als süsser Hoffnungsstern zu Fraskati der heilge Leib der Frau, die einstmals war sein Weib."

[1]) Serapionsbrüder IV, p. 261. (Berlin 1821.)
[2]) Ritschl. a. a. O. I. p. 431/32. Ueber die Ausartungen dieser Vorstellung in den Bildern vom „Sündenwurm", der „Made" p. 486.
[3]) Berlin 1768, p. 37. Verspottet im „Nothanker" Nicolais (Berlin 1774/76) II, p. 3 ff. in der Figur des „Pietisten". Satirisch äusserte sich gegen diese Sündentheorie, speciell gegen die Stelle aus Diderots „Religieuse": „la bonne religieuse est celle, qui apport dans le cloitre quelquo grande faute à expier" (œuvres ed. Assézat, V, p. 69), Goethe in einem der „Zahmen Xenien" (Hempel III, p. 180):
„Niemand soll ins Kloster gehen Als er sei denn wohl versehn
Mit gehörigem Sünden Vorrat; Damit es ihm so früh als spat,
Nicht mög' am Vergnügen fehlen, Sich mit Reue durchzuquälen."
cf. Goethejahrbuch VI, p. 333. Hierzu gehören auch Grillparzers Verse gegen Friedr. Schlegel:

Und Fräulein von Klettenberg schrieb in das Stammbuch der Frau Rat:

„Lasst mich recht arm und elend werden" —
— — — — — — — —
„Lasst mich den Schlangenbiss empfinden
Und sich den Durst nach dir entzünden"[1])

Ganz in diesem Geiste sprach es Novalis aus: „Die christliche Religion ist die eigentliche Religion der Wollust. Die Sünde ist der grösste Reiz für die Liebe der Gottheit; je sündiger sich der Mensch fühlt, desto christlicher ist er. Unbedingte Vereinigung mit der Gottheit ist der Zweck der Sünde und Liebe"[2]). Eine Verkörperung dieser Ideen hat Paul Heyse in seinem Candidaten Lorinser („Kinder der Welt") geschaffen[3]). Trotz der Aehnlichkeit zwischen Novalis und Werner, doch wieder welche Verschiedenheit. Novalis trug wirklich die Dornenkrone des Schmerzes und ist uns schon dadurch geadelt, er schwelgt in des Todes Entzückungen, er will aber auch wirklich den Lebenswillen verneinen. Werner betreibt die Sache nur theoretisch, ihm ist das Wühlen und Versinken in solchen Ideen eine Sensation der Nerven mehr, er verfällt, wenn der Rausch

„So denkt und büsst der Jammermann
Und feindet jeden andern an
Der so wie er nicht büssen kann.
Weil er nicht das, was er gethan." (W. II, p. 172.)

[1]) Goethejahrbuch XII, p. 176.
[2]) Fragmente III, Werke II. 269.
[3]) Heyse hat gewiss dabei an Werner gedacht, lässt er doch den wackeren Heinrich Mohr zu diesem gefährlichen „Stillen im Lande" sagen, dass seine Spielart nicht neu ist, „Zacharias Werner und andere sind Ihre Vorläufer" (XI. Aufl. B. II. p. 103). Man könnte auch an den Pater Girard (Görres, Christl. Myst. III, p. 686) denken, der die Bedenken der Verführten damit beschwichtigt, dass es Gottes Wille ist, ihr Besorgnisse seien „Reste der Selbstliebe, die immer wiederkehrten und den Fortschritt in der Vollkommenheit hinderten." Aehnlich spricht auch in der Histoire de Magdaleine Bavent (Görres, a. a. O. IV. 155) der Priester David: „Die Sünde muss durch die Sünde getötet werden." Mit denselben Tönen verwirrt Lorinser das Gemüt Christianens,

vorbei, in das Extrem der kältesten Prosa, wie wir aus Briefen und Tagebüchern sehen können. Ebenfalls verschieden ist auch das Verhältnis der beiden zum System der „Sünde und Erlösung;" hier tauschen sie aber die Rollen. Jetzt ist Novalis der Platoniker, dessen Geist zwar in den Dunstkreis dieser Ideen gebannt, dessen Wandel jedoch rein gewesen vor Gott und vor Sophien; Werner hat dagegen alle Konsequenzen dieses Systems durchgemacht, deren letzte ihn ganz folgerichtig auf die Kanzel als Bussprediger führte, die der „Kreuzprediger der Liebe" am Ende seines Erdewallens dort aufschlug, wo die Wogen der Lust am höchsten gingen, im lebenstrunkenen Wien. — Werner war bei alledem kein Heuchler, er gehörte nur zu jenen unseligen „geflickten Halbnaturen," die keiner ganzen Empfindungen fähig, zwischen Extremen hin und her geschleudert werden, die, wenn sie betrügen, weniger die andern als sich selbst täuschen. Von ihnen gilt das Wort Carlyles in seinem schönen Aufsatz über Werner: „we cannot justify Werner; yet let him be condemned with pity!" [1])

Kurz erwähnt sei, dass natürlich auch Friedrich Schlegel von den Todesideen gekostet hat, er verkündete Dorotheen [2]) „Menschenopfer sind die natürlichsten Opfer." „Der geheime Sinn des Opfers ist die Vernichtung des Endlichen, weil es endlich ist." In der Begeisterung des Vernichtens offenbart sich zuerst der Sinn göttlicher Schöpfung. Nur in der Mitte des Todes entzündet sich der Blitz des ewigen Lebens. So heisst es auch in seinem Gedicht an Heliodora [3]):

„Des Todes Liebe heilt des Lebens Wunde,
Aus der Vernichtung blitzt das höchste Leben."

Hierher gehört es auch, wenn Caroline Schlegel von Friedrichs „überzwerchen Philosophemen" spricht: „Ich muss doch auch probieren, ob ich nicht aus $\frac{Tod}{Schmerz}$ / $\frac{Wonne}{Liebe}$ Leben und Frieden herausbringen kann" („Caroline" II, p. 5).

---

[1]) Life and writings of Werner (1828). Carlyle, collected works. London 1869. Vol. VI, p. 168.
[2]) Athenaeum II, 1, p. 28. — [3]) Ibd. III, 1, p. 1.

Adam Müller nimmt dies wieder auf, der 1807/8 den guten Dresdenern von Opfer- und Todeslust erzählt[1].

Selbst Goethe, der allen mystischen Ausartungen so sehr widerstrebte, der nichts zu thun haben wollte mit den Mystikern, die „immer gleich ins Abstruse, in den Abgrund des Subjekts" gehen, dem der Schlegel-Tiecksche Musenalmanach auf 1802 [2]) zu viel Blut und Wunden enthielt[2], hat sich diesen Ideen, die wie ein scharfes, die Sinne verwirrendes Parfum alles durchdrangen, nicht ganz entziehen können. Schon vor den Romantikern hatte er in dem pietistischen Gedicht: „Dies wird die letzte Thrän' nicht sein," das jedenfalls im Verkehr mit der „schönen Seele" entstanden ist, transcendenten Liebesverlangen, das nach „Ausfüllung" durch den „Ewigen" dürstet und im Sehnsuchtsschmerz, der durch „Nerv' und Adern wühlt," eigne Wonnen findet, Ausdruck gegeben.

Es ist dasselbe Gefühl, das Werner einmal in den Versen:
— „Das schmerzlich selige Verlangen
Dahin zu schmelzen in ein Meer von Thränen
Und aufgelöst in Liebe zu versinken,"
mit der bei ihm ja gewöhnlichen Uebertreibung ausspricht. Vor den Romantikern auch, nahm Goethe das Bild des Todes zum Symbol der aufgehenden Liebe in den Versen des Prometheus, die erhaben, ohne die Verwesungsfarben und ohne röchelndes Stammeln künden:
„Da ist ein Augenblick, der alles erfüllt,
Alles, was wir gesehnt, geträumt, gehofft,

---

[1] „Von der Idee der Schönheit." Vorlesungen gehalten zu Dresden, Winter 1807-8. Berlin 1809. p. 156. cf. Graf Reinhard, Aeusserung über das Buch an Goethe (4. April 1810). Briefwechsel (Stuttgart und Tübingen 1850) p. 74.

[2] Dieser brachte unter anderen die Abendmahlshymne des Novalis, Marterpoesien von Fr. Schlegel auf die heilige Katharina, das brünstiginbrünstige Schmachten der „vor Liebe sterbenden Maria" in der Uebertragung A. W. Schlegels, Gedichte von Tieck, in denen er „himmelreich hernieder aus fünf Quellen wonnig bluten" und das „Morgenrot den süssen Wunden entströmen" lässt.

[3] Biedermann, Goethes Gespräche I, p. 225.

Gefürchtet, Pandora —
Das ist der Tod!

„Wenn aus dem innerst tiefsten Grunde
Du ganz erschüttert alles fühlst,
Was Freud und Schmerzen jemals dir ergossen,
Im Sturm dein Herz erschwillt,
In Thränen sich erleichtern will
Und seine Glut vermehrt,
Und alles klingt an dir und bebt und zittert.
Und all die Sinne dir vergehn,
Und du dir zu vergehen scheinst
Und sinkst,
Und alles um dich her versinkt in Nacht,
Und du, in immer eigenstem Gefühl,
Umfassest eine Welt:
Dann stirbt der Mensch. —

Nachdem wir bei den „Söhnen des Thals" immer und immer wieder von der Aufgabe der eigenen Persönlichkeit gehört, klingt uns bekannt und vertraut der Goethische Spruch: „Unser ganzes Kunststück besteht darin, dass wir unsere Existenz aufgeben, um zu existiren,"[1]) in Versen finden wir diesen Gedanken, von Todessymbolik umrankt, in der „Seligen Sehnsucht" des westöstlichen Divans:

„Und so lang du Das nicht hast,
Dieses: Stirb und werde!
Bist du nur ein trüber Gast
Auf der dunklen Erde."[2])

Noch interessanter aber ist, dass Goethe, der aller Passionspoesie so abhold war, für die Mystik des Martertums den vollendetsten Ausdruck fand. Die ganze „Blut und Wunden-" dichtung der Romantik muss zurücktreten vor dem aus der

---

[1]) Sprüche No. 261, nach Riemer (Mitteil. II, p. 716) 24. Mai 1811 bei Tisch gesprochen.

[2]) Werke (Hempel) IV, p. 26, wo Löper aus der Weisheit des Orients Beispiele für „Sterben und Werden" giebt.

„Sinne Kettenschmerz" zum Himmel entlodernden Flammendithyrambus des Pater ecstaticus im II. Teil des Faust:

„Ewiger Wonnebrand
Glühendes Liebesband,
Siedender Schmerz der Brust,
Schäumende Gotteslust,
Pfeile durchdringet mich,
Lanzen, bezwinget mich,
Keulen, zerschmettert mich,
Blitze durchwettert mich
Dass ja das Nichtige
Alles verflüchtige,
Glänze der Dauerstern,
Ewiger Liebe Kern."

Das ganze Wesen der Mystik ist in diesen zwölf Versen, weniger dem Verstande als dem Gefühl in wundersamster Weise geoffenbart.

Am Schluss dieses Exkurses sei noch bemerkt, dass die letzten Ausläufer der Todesverherrlichung des Novalis sich bei Hebbel finden. Holofernes [1]) möchte die „höchste Wollust und die Schauder der Vernichtung" in einander mischen, „aufgelöst in alle Winde verfliegen und eingesogen werden von all' den durstigen Lippen der Schöpfung." Wie eine Paraphrase über das Wort des Hardenberg'schen Ofterdingen [2]): „In bachischer Trunkenheit wetten die Dichter aus Enthusiasmus um den Tod," klingt die Rede Dietrichs in den „Nibelungen" [3]), die dem König von der Todeslust des wilden Geschlechts erzählt, dessen Väter „trunkenen Mutes" „mit eigner Hand nach einem lust'gen Mal bei Sang und Klang im Kreise ihrer Gäste" sich durchbohrten, oder im Drachenschiff auf die hohe See fuhren, um draussen „im Brudermörderkampf der eine durch den anderen zu fallen und so das letzte Leiden der Natur zu ihrer letzten höchsten That zu stempeln."

---

[1]) Hebbel, Judith. Werke (Hamburg 1891) I, p. 46, 47.
[2]) Novalis, Heinrich von Ofterdingen. Werke I. p. 277.
[3]) Nibelungen. III. Teil. Hebbels Werke X p. 220.

Von den Abgründen Werner'scher Mystik, von der inneren Geschichte der „Söhne des Thals," wenden wir uns zu ihrer äusseren, zu ihrer Bedeutung als Drama. Die Gründe, warum Werner gerade die dramatische Form für die Darstellung seiner reformatorischen Gedanken wählte, erklären sich aus seinem Ehrgeiz und seinem nach praktischer Bethätigung verlangenden Lehr- und Bekehrtrieb. Er wusste, wie schwach die Wirksamkeit des geschriebenen Wortes allein war, und „da wir einmal im protestantischen Deutschland keine Tempel haben," sah er in der Bühne den „einzigen Ort," „von welchem herab der Priester der Gottheit zum Volke sprechen kann"[1], — die Schaubühne als religiöse Anstalt betrachtet. Dass die „Söhne des Thals" dieses Drama, das man ebenso gut „Predigt"[2] nennen könnte oder „Evangelium," das von der Bühnenkanzel Proselyten werben sollte, eigentlich ein Widerspruch gegen seine eignen Kunstanschauungen war, gab der Dichter selbst zu: „ein didaktisches Gedicht, kein Gedicht im strengsten Verstande. In dieser Hinsicht sind auch meine Thalsöhne kein reines Kunstwerk, aber ich habe mein Kunstgefühl der Idee eines höheren Zweckes geopfert"[3].

---

[1] An Scheffner, Warschau, 12. Mai 1805. Blätter für litt. Unterh. 1834, p. 1170.
[2] An Hitzig 17. Oktober 1803. Hitzig a. a. O. p. 48.
[3] 5. Dec. 1803 geschrieben; cf. Gesellschafter a. a. O. 1837, p. 57.

Wie Zacharias Werner gestrebt, den Geist der neuen
Kunst zu treffen, so suchte er auch nach ihrer Form; nicht nur
dem Inhalt, sondern auch dem äusseren Gewande nach, sollte
ein echt romantisches Drama entstehen.

Ganz neue Kunsttheorien waren aufgestellt worden. Wie
alles sich zum Ganzen weben sollte, wie „der Bildung Strahlen
all in Eins zu fassen"[1]) höchstes Ziel schien, so sollten auch die
getrennten Gattungen der Poesie, ja die Künste überhaupt vereinigt werden; da Gefühl alles war, so wird Musik und lyrische
Form bevorzugt:

> „Liebe denkt in süssen Tönen
> Denn Gedanken stehn zu fern
> Nur in Tönen mag sie gern
> Alles was sie will verschönen."

Diese und die anderen Tieckschen Verse:

> .... „dass alle Pulse zu Klängen werden,
> Dass alle Gedanken in Tönen irren,
> Gefühl und Wunsch und Wahnsinn durcheinander wirren"[2]),

geben Zeugnis für die musikalische Poesie. Wackenroders
weiche Seele schwelgt in den Phantasien über die Kunst in der
Musik, Tieck und E. Th. A. Hoffmann komponieren aus Worten
seltsame Symphonien; nicht Darstellung ist mehr Aufgabe, sondern
was in unseren Tagen wieder sensitiv begehrt wird, Stimmung.
Ganz modern mutet das Wort Wilhem Schlegels hierüber in
seiner wunderbaren Erklärung des romantischen Dramas[3]) an.
Er vergleicht es, im Gegensatz zu der Skulptur der antiken
Tragödie, mit einem Gemälde. Der eigentliche Zauber dieser
Malerei liege aber darin, dass sie an körperlichen Gegenständen
sichtbar macht, was am wenigsten körperlich ist, Licht und

---

[1]) Athenaeum III, p. 236.
[2]) Tieck, Genoveva. Schriften II. p. 115.
[3]) Vorlesungen über dramatische Kunst und Litteratur. Werke VI
p. 162.

Luft", oder wie es Tieck nennt, das „Klima" der Begebenheiten¹).

Eine streng geschlossene Form, straffe Komposition wird so verschmäht. Das romantische Drama sondert, wie Wilhelm Schlegel in der zitierten Stelle sagt, „nicht wie die alte Tragödie den Ernst und die Handlung unter den Bestandteilen des Lebens aus; es fasst das ganze bunte Schauspiel desselben mit allen Umgebungen zusammen"²). Dies findet er nun im englischen und spanischen Drama. An diesem bildete sich dann auch der Dichter, der 1799 zum ersten Mal als romantischer Dramatiker auftrat, Ludwig Tieck. Bezeichnend, dass auf ihn von den Stücken Shakespeares der dramatische Wildling „Perikles" den tiefsten Einfluss übte; „ohne diesen wäre Zerbino nicht, noch weniger Genoveva oder Oktavian entstanden", schrieb er selbst an Solger³). Er hatte sich in diese Form „wie vergafft, die so wunderbar Epik und Drama verschmelzt, es schien mir möglich selbst Lyrik hineinzuwerfen". Bei Calderon, den Tieck früh kennen lernte⁴), fand er andere Ingredienzen des romantischen Dramas, die Einführung von transcendenten Gestalten, Heiligen, Phantomen, allegorischen Figuren; die Verwendung eingestreuter Lieder, zuweilen von unsichtbarem Chor gesungen, die geheimnisvoll die Handlung begleiten, vor allem auch üppig wuchernde Symbolik. Diese Muster geben denn auch der Genoveva und den späteren Dramen Tiecks das äussere Gepräge; kein Stück, sondern Bilder, dissolving views, durch Prolog und Epilog „traumähnlich" in einem Rahmen festgehalten; kein einheitliches Metrum, sondern ein bunter Wechsel südlicher Formen, in denen sich die romantische Willkür tummelt; unentbehrlich die lyrischen Monologe, die, meistens von sanft tönender Lautenmusik begleitet, kleine Monodramen für sich bilden, Ort und Zeit sind irrelevant, man schweift in eine ideale Ferne.

---

[1] Brief an Solger. Ziebingen 30. Jan. 1817. Solger, Nachgelassene Schriften und Briefwechsel. Leipzig 1826. I. p. 501.
[2] AW. Schlegel. A. a. O. p. 163. — [3] A. a. O. p. 501 ff.
[4] Köpke, Ludwig Tieck. I, p. 242. Solger, a. a. O. I, 684/685.

Zacharias Werner lauschte nun also auch in diesen Stücken gläubig der neuen Verkündigung. „Musik ist die höchste aller Künste deshalb, weil bei ihr garnichts zu verstehen ist und sie so zu sagen das Universum mit uns in unmittelbaren Rapport setzt, daher ich dir denn auch mit kurzen Worten das Wesen der neuen Kunst so definiren könnte: sie strebt die Poesie zur Musik zu veredeln" [1]), schreibt er 1803 an einen Freund. So unterbricht auch er die Jamben seines Dramas mit musikalischen Einlagen; Philipp singt im Garten sein Morgenlied, Noffo trägt im Kerker zur Guitarre eine Schauerballade vor, mit geheimnisvollen Weisen und traumhaftem Lautenspiel wandelt durch das Stück der geisterhafte Endo, die Thalsccnen werden ganz im Geist des Calderon, durch den unsichtbaren dumpf psalmodirenden Chor der Alten begleitet. So findet sich reicher Wechsel der Formen; vor allem in der scène lyrique der Agnes[2]) mit ihren freien Rhythmen, ihren kunstvoll verschränkten, nur zweireimigen Oktaven, den Jamben mit Mittel- und Endreimen[3]); Adalberts Erzählung im Kloster klingt in ihrem Stanzengewande wie eine Arie; Sestinen sind die Form der Weihrede, mit der am Schluss die neuen Apostel des Thals vom Bruder Wilhelm in die Welt gesendet werden; noch üppiger ranken sich exotische Formen natürlich durch die rein lyrischen Astralisscenen der zweiten Bearbeitung; Prolog und Epilog umrahmen selbstverständlich die Teile.

Dabei zeigen jedoch die Wernerschen Stücke keineswegs das Zerrinnende, Verschwimmende, die unsicher zitternde Beleuchtung der romantischen Dramen, es finden sich vielmehr Ansätze zu frischerer Gestaltungskraft, man spürt den Einfluss Schillers, den Werner trotz der Romantik dankbar anerkannte[4]).

---

[1]) Königsberg 5. Dec. 1803. Gesellschafter 1837, p. 58. — [2]) II¹ p. 158.

[3]) Auch in Schütz' Lacrymas und Fr. Schlegels Alarkos verwendet.

[4]) Nach Schillers Tode schrieb er an Scheffner (27. Mai 1805): „Was habe ich ihm nicht alles zu verdanken! Wie weit bin

Er verschmähte es auch nicht bei Kotzebue in die Lehre zu gehen, manche Rühreffekte in Scenen des Wiederfindens (hierfür ist Muster der „Eremit von Formentera" 1787), überhaupt die gemachte Sentimentalität stammen aus der bewährten Apotheke dieses Meisters der Kulissen- und Brettergefühle. Dramatischen Griff hatte aber Werner, als er die „Söhne des Thals" schrieb, noch nicht, das zeigt die Komposition. Mit derselben ermüdenden Breite wird Wichtiges und Unwichtiges dargestellt, jede Koncentration fehlt, es ist ein lockeres Nebeneinander, kein organisches Ineinander. Das Hauptmoment des ersten Teils bildet der Beschluss des Kapitels, dem französischen Rufe zu folgen. Werner führt uns nicht selbst in diese Versammlung, die ein besseres Bild vom Orden gegeben hätte, als die inhaltlosen späteren Ritualscenen, sondern teilt die für den Orden wie für das Stück so wichtige Entscheidung durch eine Scene zwischen Molay und dem vertrauten Gärtner Philipp mit, und zwar schon im zweiten Akt. Die übrigen vier Akte enthalten, ausser der Verstossung Roberts, nichts was die Handlung weiter führt. In einer langen Scene erklärt Komthur Hugo dem jungen Franz die Meisterbilder; weitausgesponnen folgen, deutlich Werners Vorliebe für äusserliche Operneffekte verratend, die Darstellungen des Ordenszeremoniels. Mühsam fristet die Nebenhandlung, das Wiederfinden Philipps und seines totgeglaubten Sohnes Adalbert, ihr Dasein. Ueberhaupt ist kein Verhältnis der Teile, da der erste, der nur ein Vorspiel sein kann, denselben Umfang hat, wie der zweite. Ueberragte dieser („die Kreuzbrüder") inhaltlich an Interesse weit die „Templer auf Cypern", so findet vom dramatisch-technischen Standpunkt aus betrachtet, das umgekehrte Verhältnis statt. Nur das äussere Ansehn hat der zweite Teil mit einem Drama gemein, mit

---

ich hinter ihm. Der Mensch ist 47 Jahre alt geworden und hat 8 Meisterstücke hinterlassen. Ich zähle $36\frac{1}{2}$ Jahr und habe $1\frac{1}{2}$ konfuse Trauerspiele gemacht. Welcher Posten ist jetzt vakant?" Blätter für litter. Unterh. 1834. II, p. 1181.

seinem Wesen hat er nichts zu thun. „Le rhéteur y avait pris la place du poète," dieser Satz aus dem Wernerartikel der Biographie universelle[1]) ist das kürzeste und treffendste Urteil darüber. Den Haupttraum nehmen ja hier die mystischen Lektionen in der Thalhöhle ein und die dialektischen Disputationen zwischen Kardinal und Erzbischof, die jede dramatische Bewegung, wie sie vielleicht nicht unglücklich in einigen Hofscenen versucht wurde, unterdrückten.

Auch als Charakteristiker — seine Personen sind schon oben gekennzeichnet worden — zeigt er nichts Bedeutendes und Originelles. Er bevorzugt Schillersche Traditionen mit Kotzebue tingirend, die einfachen Charaktere, denen er, immer zur Uebertreibung geneigt, einen Stich ins Grelle giebt; man vergleiche den herben, wortkargen Grossinquisitor Schillers mit dem theatralischen Erzbischof Werners. Der Molay des ersten Teils in seiner Resignation und stillen Grösse ist gut getroffen, leicht und ungezwungen wird er in den ersten Scenen durch den einfach biederen Gottfried und den jungen Feuergeist Robert exponirt; nicht übel, wenn auch etwas karikirt, ist Werner der feiste, heuchlerische Pfaffe, der Kapelan gelungen; Gestaltungskraft verrät auch die Figur des alten Grosskomthur, die mit ihrem typischen „Gott besser's", der jünglingshaften Frische, dem festen Sinn, der sich auch vor Königsthronen nicht beugt, lebendig hingestellt ist. Ganz verunglückt sind aber die Frauengestalten des zweiten Teils; die Gräfin Mathilde, die für Franz von Poitou die verführerische Adelheid werden und ihn zu Verrat und Abfall hinüberschmeicheln soll, spielt ihre Rolle, von der dämonischen Koketterie des Machtweibes weitfern, so plump, dass man die Vertrauensseligkeit des welt- und frauenkundigen Franz nicht begreift; Agnes, die Braut Adalberts, die nach dessen vermeintlichem Tod in Klostermauern Frieden gesucht hat, ist ein farbloses Abbild der Schillerschen Thekla.

---

[1]) Nouvelle Edition. B. 44, p. 484. (Verfasser D—g.)

Unbedingtes Lob verdient aber die **dramatische Sprache** Werners. Er differencirt, es stellt sich ihm für jede Persönlichkeit und jede Situation das rechte Wort ein. Echte ungekünstelte Töne der Freude trifft er in der Begrüssungsscene zwischen Molay und Franz, dem Sohn seines alten Freundes; echt im Ton mutet auch dessen Geleitsbrief an, der Brief eines alten Haudegens, der besser das Schwert als die Feder führt.

Ueberhaupt weiss sich Werner im ersten Teil völlig von jeder hohlen Rethorik fern zu halten und lebendige Worte zu finden.

Noch eine Bemerkung sei hier über die Ordens- und Mysterienrequisiten, deren sich Werner bediente, gestattet. Wie eine Parodie darauf nehmen sich Hippels „Kreuz- und Querzüge" aus, die ja aber viel früher (1794) geschrieben sind. Alles, was Werner mit Pathos verkündete, ist hier schon vorher persiflirt. Von einem Orden der „Grabesritter" [1]) wird gehandelt, sie nennen sich „Grabesbrüder," ihre Losung ist „nur das Grab macht weise." Weissgekleidete Knaben bringen dem Neophyten geheimnisvolle Briefe [2]), er solle das Thal Josaphat verlassen und den Meistergrad auf Tabor erwerben, gelehrt wird: „je weniger Physik an uns ist, desto mehr wächst unsere Metaphysik." Die Lehrlinge müssen sich geheimnisvollen Prüfungen unterziehen, unsichtbare Stimmen murmeln dumpf, die bekannten Responsorien ertönen:

„Was suchst du?" „Menschen."
„Was willst du lernen?" „Leben und sterben." [3])

Auch die Becher der „Weisheit, Schönheit, Stärke" fehlen, wie schon oben bemerkt ist, nicht [4]). Man sieht hieraus, dass Werner für die äussere Einkleidung seines Mysteriums das

---

[1]) II (1794) p. 275. 287.
[2]) II, p. 85.
[3]) II, p. 180.
[4]) I, 214.

typische Rüstzeug genommen haben muss, oder sollte er direkt aus Hippel geschöpft und das Material, das dem Spott gedient, seinen ernsten Zwecken dienstbar gemacht haben?

Die „Templer auf Cypern" erschienen 1803 im Jahr der natürlichen Tochter, der Braut von Messina, und der Familie Schroffenstein, nachdem der Verleger Sander in seinem von Kotzebue herausgegebenen Blatt „der Freimüthige" (1803. Nr. 37) den Monolog Molays und die Scene mit Eudo mitgeteilt hatte, der zweite Teil folgte im nächsten Jahr. Der umgearbeiteten Auflage von 1807 (nur der I. Teil, der II. wurde 1819 zum zweiten Mal aufgelegt) ist schon gedacht worden, eine dritte, die ich selbst nicht gesehen habe, erschien „mit dem Lebensabriss des Dichters vermehrt", Wien 1823[1]) nach seinem Tode. Von zeitgenössischen Uebersetzungen des Werkes hört man nichts, Carlyle machte 1828 in seinem „life and writings of Werner"[2]) die Engländer mit einigen Partien daraus bekannt, er übertrug Adalberts Prüfung, Robert im Gefängnis, die Phosphoruslegende, die Scene zwischen Robert und Adam.

Die Aufnahme der „Söhne des Thals" war durchaus keine glänzende, sie erregten eigentlich nicht einmal Aufsehen. Interessant ist, wie kühl sich die Romantiker verhielten[3]). Tieck traf auch Werner im „gestiefelten Kater"[4]) mit dem Ausruf des

---

[1]) Nach Ersch, Handbuch II Nr. 3838a und Rassmann, Litt. Handwörterbuch der verstorbenen Dichter p. 434.

[2]) In den Essays, London 1869, vol. I, p. 104.

[3]) Werner hat dies voraus geahnt. 1803 (29. Juli) schrieb er in einem Brief von der echten Genialität der Schlegels, Tiecks, Fichtes, er ist überzeugt, dass er den August Wilhelm Schlegel nie erreichen werde. „Vielleicht wird meine Arbeit sogar dieser Clique missfallen." Gesellschafter 1837, p. 38.

[4]) In der zweiten, der Phantasusbearbeitung.

Schlossers, der nach „religiös erhebenden wohlthuenden geheimen Gesellschaften" verlangt. Aus späteren Briefen haben wir Stellen, die Werner, den Tieck übrigens niemals persönlich kennen gelernt hat[1]), als „verschrobenes Talent" durchaus ablehnen[2]). Von den theoretischen Meistern der Schule, den Gebrüdern Schlegel, die gewiss den Mangel einer fest ausgeprägten Individualität an dem Dichter erkannten und einsahen, dass er mit seinen unfruchtbaren Excentritäten der Partei eher schaden als nützen könne, wird er namentlich überhaupt nicht angeführt. Merkwürdigerweise begegnet er auch nicht in den Briefen Friedrichs an seinen Bruder[3]), in denen sonst fast alle Zeitgenossen Revue passiren. Mit auf Werners Schaffen aber kann man die Stelle in Wilhelms Wiener Vorlesungen über dramatische Kunst[4]) beziehen; jene Stelle, die von den „wahrhaft ausgezeichneten Talenten" spricht, „die das romantische Schauspiel in einer Breite genommen, die nur dem Roman erlaubt ist, oder die von dem spanischen Drama nur die musikalisch-phantasirende und malerisch gaukelnde Seite" ergriffen, was natürlich ebenso gut Tieck, Friedrich Schlegels Alarcos u. a. trifft. Deutlicher auf das „Kreuz an der Ostsee" und die Thalsöhne spielt der Bruder an in der Recension der Goetheschen Werke[5]). „Sogar aus Polen von den alten heidnischen Preussen, und aus der Rumpelkammer geheimer Gesellschaften und ihrer vielbedeutenden Ceremonien wurden die Ingredienzen zu jenem dramatischen Allerlei herbeigesucht, worin man das wahre Geheimnis des romantischen Schauspiels ergriffen zu haben wähnte."

Die bedeutendste Frau der Romantik, Caroline, die Werner jedoch erst später, als er „die Weihe der Kraft" schon geschrieben,

---

[1]) R. Köpke, Ludwig Tieck. Leipzig 1855 II, p. 205.
[2]) ibd. Ferner Solger, Nachgelassene Schriften und Briefwechsel I, p. 343, 501.
[3]) her. v. Dr. Oskar F. Walzel. Berlin 1890. — [4]) W. VI, p. 430.
[5]) I-IV. Band der Cottaischen Ausg. von 1806. In den „Heidelbergischen Jahrbüchern" 1808, p. 145-184. S. W. X, p. 153-203.

kennen lernte, lobte das Talent und die Kraft der Darstellung, bedauerte aber seine Verstrickung in die Allegorie¹). Dorothea Schlegel gab ihre tiefe Antipathie nach dem Erscheinen des „24. Februar" kund²). Wenn Werner bei seinen Geistesverwandten so wenig Anklang fand, so nimmt es nicht wunder, dass die übrige litterarische Welt sich ablehnend verhielt. An Goethe hatte er gleich ein Exemplar seiner Dichtung gesandt, in der Hoffnung, aus dem Dienstjoch befreit und nach Weimar gerufen zu werden. Goethe, in dessen Gunst er sich so bald sonnen durfte, dem er bald mit abgöttischer Verehrung, als seinem „Helios" huldigen sollte, scheint diese Sendung zu so manchen übrigen gelegt und kaum beachtet zu haben³). Das letzte Wort, zugleich eine treffende und knappe Charakteristik, sprach Goethe über Werner 21 Jahr später bei Gelegenheit des Aufsatzes der Foreign Quarterly Review⁴): „Werners Leben und Schriften scheinen sie mit dem billigsten Ernst behandelt zu haben, aber wir gestehen gerne, dass uns der Mut fehlte, jenen Komplex von Vorzügen, Verirrungen, Thorheiten, Talenten, Missgriffen und Extravaganzen, Frömmlichkeiten und Verwegenheiten, an denen wir mehrere Jahre, bei redlich menschlicher Teilnahme bitterlich gelitten, nochmals historisch-kritisch gelassenen Schrittes zu verfolgen." Eine Aeusserung Schillers über das Stück berichtet eine allerdings wenig zuverlässige Quelle, Gubitz' „Berühmte Schriftsteller der Deutschen"⁵), die den Klatsch der Litteraturgeschichte sammelte; Schiller soll nach der Lektüre der „Söhne des Thals" zu Iffland gesagt haben: „ich möchte schon dieser Werner sein."

---

¹) An Luise Gother 1. März 1809. „Caroline" (ed. Waitz) II. 361. cf. auch die anderen Wernerstellen II, 340,341. 343.
²) Raich, Dorothea von Schlegel II.
³) An Zelter 26. Juni 1806. G.-Z. Brfw. I, 2317. Briefe an Frau von Stein (ed. Schöll-Fielitz) II. 422.
⁴) Auswärtige Litteratur und Volkspoesie. A. C. II. Stuttgart und Tübingen 1833. B. 46, p. 269.
⁵) I. p. 149. Daraus übergegangen in Adelbert Kuhns Schiller. Weimar 1882. I, p. 190.

Um noch einen Mann zu hören, der zwischen Romantik und Klassicismus in der Mitte steht, Jean Paul, so nahm dieser den neuen Dichter überhaupt nicht ernst. In seiner Vorschule der Aesthetik (1808) spricht er im § 5 (Ueber den Gebrauch des Wunderbaren) von den Mysterien des Ordens und sagt endlich: „was ist schliesslich der Kern der Sache: — gutes moralisches Betragen. Will man dem tragischen Dichter nicht Unrecht thun, so nimmt man alles vielleicht am besten für einen Scherz auf die meisten Tempel- und Sakristei-Ordenherrn, welche mehr durch Verziffern als Entziffern glänzen und mehr vor Ausgeschlossenen als Auserkorenen"[1]).

Interessant ist es noch einen kurzen Blick in die Zeitschriften zu werfen. Am verständnisvollsten ging auf die Wernerschen Ideen die „Eunomia" ein, von dem ihm nahestehenden Fessler herausgegeben, der vom Katholicismus zum Protestantismus übergetreten war, in allen maurerischen Angelegenheiten Autorität[2]).

Die Hallische und Jenaische Allgemeine Litteraturzeitung geben sich mit der Mystik nicht weiter ab, anerkennen aber neben dem Getadelten manches Lobenswerte in der dramatischen

---

[1]) Auch von Jean Paul mag hier noch ein späteres Wort über Werner stehen:
30. April 1824 schreibt er an Hitzig: „Noch einen früheren Dank als den letzten, habe ich Ihnen für Ihren Werner zu sagen, mit welchem Sie mich viel näher bekannt gemacht, und dadurch von mancher Seite her ausgesöhnt haben." — „Der gute Werner fiel, wie der noch kräftigere Hoffmann, in den poetischen Gärbottich unserer Zeit, wo alle Litteraturen, Freiheiten, Geschmäcke und Ungeschmäcke durch einander brausen, und wo man alles findet, ausgenommen Wahrheit, Fleiss und den Glanz der Feile. Beide hätten sich zu Lessings Zeiten am Studium reiner entwickelt." Döring, Jean Paul Friedrich Richters Leben, Erfurt und Gotha 1831, p. 31.

[2]) 1804. I. B. p. 239. Später hat Fessler Werner vorgeworfen, dass er statt echter Mystik „frommtändelnden Unsinn" geboten, der mit „dem Klaren und dem Tiefen, mit Hyazinthen und Karbunkeln, mit Kindelein, Engelein und Sternelein" spielt. „Nachwächter Benedikt" (Berlin 1809), p. 39. 82.

Gestaltung an. Die Neue Allgemeine deutsche Bibliothek zeigt sich seltsam gnädig mit dem ihr doch ganz heterogenen Produkt. Der Referent — nach Koberstein (V, 462) ist es Manso — wundert sich, dass dieses Werk nicht allgemeine Sensation erregt hat, und fügt die auffällige Bemerkung hinzu: „Aber vielleicht dürfte es nur den Namen eines der Götzen unserer Tage an der Stirn führen, um eben so viele Lobpreiser zu haben, als etwa eine natürliche Tochter oder eine Braut von Messina." Als Probe ist die scène lyrique der Agnes mitgeteilt, ein „Beweis, wie sehr der Dichter seine Vorgänger übertrifft, wenn er sich einmal zu solchen Künsteleien herablässt, denen man gern Beifall erzwingen möchte;" offenbar soll hier Werner als Lyriker im Drama gegen Schillersche Versuche dieser Art (Thekla-Johanna, oder Mariascenen) ausgespielt werden. Die deutsche Jugend, von der Werner die Erfüllung seiner Ideen hoffte, hat 1817 auf der Wartburg ihr Urteil über ihn gesprochen. Gegen Freiheitsfeinde und Dunkelmänner hatten sich begeisterte Jünglinge vereinigt, und wie die Studenten des Wernerschen Luther die päpstliche Bulle verbrannten, so hielten sie Feuergericht über die Schriften der Reaktionäre, Obskuranten und politischen Lakaien, der „Kamptz und Schmalzgesellen." Da wurden auch verbrannt die „Söhne des Thals" und die „Weihe der Kraft." Die sehr seltene Nummer der „Encyclopädischen Zeitung" Isis[1]) mit Okens Bericht über das Wartburgfest begleitete das Verzeichnis der verbrannten Bücher mit höhnischen Vignetten; Werner erscheint als Betbruder mit gefalteten Händen, demütig gebückter Haltung, heuchlerischen Zügen.

Das kam jedoch erst später, vorläufig erwarb sich der Dichter in Königsberg sogar einen kleinen Anhang unter den jungen Leuten. Fast schien sein Lieblingswunsch die Gedanken

---

[1]) 1817. Nr. XI u. XII, p. 1553—1560. Ein Faksimile der Nummer befindet sich in Stackes Deutscher Geschichte IV. Aufl. Bielefeld und Leipzig, 1888 II, ad p. 676.

seiner Dichtung zu verwirklichen, eine „Pepinière des Heiligen, von kräftigen, möglichst gesunden und unverdorbenen Menschen zu gründen"[1], in Erfüllung zu gehen. Aus dieser Jüngerschar, in welcher der junge Rafael Bock die Rolle des Johannes spielte, ist gewiss auch jenes Werk hervorgegangen, das, dem Enthusiasmus für Werner entstammend, eine getreue Kopie seines Dichtens und Denkens, noch nirgends beachtet worden ist. Es handelt sich um das anonym 1806 in Königsberg erschienene zweiteilige Drama „Die Kreuzfahrer," nicht mit Kotzebues gleichnamigem Stück zu verwechseln. Koberstein[2], auch Wurzbach im Biographischen Lexikon des Kaisertums Oesterreich, u. a. schreiben es fälschlich Werner selbst zu. Gleich in der Vorrede hören wir das Echo uns lang bekannter Töne. Die Dreieinigkeit von Glaube, Liebe und Kunst wird proklamirt. An das vom „kalten Verstand beinah unterdrückte Gefühl" wendet sich der Verfasser.

Das Stück selbst ist sehr schwach, ein Kotzebuesches Ritter- und Rührdrama, mit Wernerscher Mystik ziemlich dürftig amalgamirt. Ein frommer Ritter und ein frommes Fräulein finden sich nach langer Trennung, Kämpfen und Türkenabenteuern. Als sie sich aber angehören können, entsagen sie freiwillig der Vereinigung, um sich in Gott ewig zu besitzen. Das Paar ist Adalbert und Agnes nachgezeichnet, der Troubadour mit der Laute, der wandelnd mystische Lieder von Nacht und Dunkel, Tod, Braut und Liebe singt, ist einfach hinübergenommen. Er erscheint dem Fürsten von Edessa in der Maske seines Sängers, genau so wie Eudo dem Molay erschienen ist. Wohl vertraut klingt uns der Dreizeiler (I, p. 282)

„Aus der Krankheit die Genesung
Leben nur aus der Verwesung,
Sich des grossen Rätsels Lösung."

und die Antwort:

---

[1] An Scheffner. Blätter für litter. Unterh. 1834, p. 1173. An den ungenannten Freund. Gesellsch. 1837, p. 66. An Hitzig, a. a. O. p. 49. ff.
[2] V, p. 462. Anm. 90.

„Der Mensch muss sterben um zu leben.
Hab' ich dich verstanden?"
zum Schluss öffnet sich der Himmel, die Geister der bereits abgeschiedenen Personen schweben hernieder in weissen Gewanden, Palmen rauschen, und nach dem Chorus mysticus:

> „Hingerissen, hingegossen hingeflossen
> süsses Beben,
> In das grosse All zu fliessen."

ertönt das dreimal „Heilig"[1]).

Die Bühne hat das konfuse Produkt wohl nie erreicht, glücklicher ging es seinem Vorbild; Werner war schon 1804 von Warschau aus mit dem Leiter des Berliner Nationaltheaters in Verbindung getreten[2]). Iffland, der Mystik freilich abgeneigt, erkannte doch die Keime des Bühnentalentes, Frische der Gestaltungskraft in mancher lebendigen Scene. Das „Kreuz an der Ostsee" musste er allerdings als dem Theater zu widerstrebend ablehnen, gern willkommen hiess er den Martin Luther, der dann eine seiner Lieblingsrollen wurde.

Aus Interesse für den Dichter brachte er auch dreiviertel Jahr nach der Weihe der Kraft den ersten Teil der Thalsöhne auf die Bretter, am 10. März 1807. Den Vorschlag einer Bühnenbearbeitung hatte Iffland übrigens schon 1805 dem Dichter gemacht, als dieser durch des Geheimrats Kunth Vermittelung, der bald darauf Werners geschiedene dritte und letzte Frau heiratete, das verhasste Warschau mit dem ersehnten Berlin vertauscht hatte. Iffland schickte ihm ein in Hamburg gefundenes Exemplar des Werkes, von „einem dortigen Gelehrten für die Bühne gekürzt", zur Ansicht und Bearbeitung für das Honorar von 10 Friedrichsd'or[3]). In der dann noch von Werner zusammengezogenen Fassung kam nun also das Drama

---

[1]) Das so seltsam zusammengeflickte Stück hat (nach Heinsius Bücherlexikon VI. Schauspiele Sp. 70) noch 1818 eine zweite Auflage erlebt.
[2]) Teichman, Litterarischer Nachlass, p. 292 ff.
[3]) Teichmann a. a. O. p. 314.

in der trübsten Zeit Berlins, als noch der Druck der Schlacht von Jena auf den Gemütern lastete, in der „société dramatique et lyrique"[1], wie das Nationaltheater nach Napoleons Einzug umgetauft war, zur Aufführung. Die Vossische Zeitung berichtete zwei Tage später warm über den Eindruck, sprach von „gerührtem Beifall" und „sanftem Mitklingen der Herzen" vorzüglich bei den lyrisch-musikalischen Partien[2]. Für Werner muss der Abend aber doch eine schwere Enttäuschung gewesen sein. Gleich nach der Vorstellung stürzte er in verwirrter und zerrissener Stimmung nach Haus und schrieb in der Angst seines

[1] Düntzer a. a. O. p. 87.

[2] „Gesänge aus dem Schauspiel „Die Söhne des Thals" mit Begleitung des Pianoforte oder der Harfe" erschienen Berlin 1807. Komponiert von Bernhard Anselm Weber, der von 1804—1821 als Kapellmeister am Nationaltheater wirkte. Ueber eine andere Komposition unterichtet ein Sonett, das mir Dr. Julius Wahlo gütigst aus der in Weimar befindlichen „Zeitung für die elegante Welt" (Jahrgang 1823. No. 196) mitgeteilt hat:

Sonett von Friedrich Ludw. Zacharias Werner*).

An den gefühlvollen Spieler meiner Lieder, Herrn *.

Motto: Ich sah ihn nie und lieb ihn doch.

Der Sänger singt dass er das Herz entlade
Der Flamme die in seinem Innern glimmt,
Dass, wie der Schwan im Flutheuspiegel schwimmt,
Er im Unendlichen den Busen bade.
Treu kündet er, was ihm des Gottes Gnade
Geoffenbahrt, wenn's keiner auch vernimmt.
· Doch trifft er Einen, rein und gleich gestimmt,
Ihm beut er Hand und Herz zum Doppelpfade.
So ich auch dir — vielleicht misslang mein Streben
Zu künden den Triumpf des Heilig: Schönen,
Doch reiner klingt's aus deiner Brust mir wieder;
Ein üppiges, geheimnisvolles Leben
Entzündet der Gesang in deinen Tönen:
Ich ahndete — doch du erschufst die Lieder!

*) Werner kam von Warschau nach seiner Vaterstadt Königsberg zurück, als eben die „Söhne des Thales" erschienen waren. Auf des

Herzens an Iffland[1]): er habe die Ueberzeugung, sein Stück sei gefallen. Iffland, Bethmann und Frau, Unzelmann, Gern, alle Schauspieler hätten brav gespielt, Webers Komposition sei vortrefflich, die Schuld treffe keinen als ihn selbst, oder insofern sie beide, als sie auf die unglückliche Idee gerieten, das dramatische Gedicht „die Söhne des Thals" zum Effekttrauerspiel travestieren zu wollen. Sein lebhaftester Wunsch ist, es möge niemals wieder gegeben werden. Dann versenkt er sich mit scheinbar kühler Gleichgiltigkeit in seinen Misserfolg. Er ist ihm ein göttliches Zeichen, seine eigentliche Wirksamkeit, er meint die apostolische im Dienst der Bundesideen, nicht zu zersplittern. Er will der dramatischen Schriftstellerei ganz entsagen, vielleicht auch das ihm „längst lästige Bücherschreiben" aufgeben. Aus Berlin, überhaupt aus dem „jetzt wertlosen Deutschland" will er in irgend ein „stilles Verhältnis retiriren."
„Das ist nicht Dépit von heute, es ist ein lange mit Liebe von mir genährter Wunsch, und der heutige Abend ist mir in der Hinsicht, dass er mich über mich selbst klar macht, unschätzbar."

Das war, für jeden der Werner kennt leicht zu durchschauen, natürlich nur vorübergehende Stimmung, die sich seinem Charakter entsprechend den extremsten Ausdruck suchte.

Das Stück ist übrigens, trotz des französischen Drohbriefes, den Werner erhalten haben will[2]), noch mehrere Male gespielt worden[3]).

Dichters Wunsch entwarf ein ihm persönlich unbekannter Landsmann zu den lyrischen Stellen des Werkes Melodien, die Wernern mitgeteilt und von diesem oft am Klavier gesungen wurden. Seine Zufriedenheit mit denselben bekundete er dem Komponisten durch das hier genau nach W.s Handschrift abgedruckte Sonett.
[1]) Teichmann a. a. O. — [2]) Teichmann p. 314.
[3]) In der Vossischen Zeitung ist es für den 13., 16., 20. März noch angezeigt. Ueber die Vorstellung am 13., die W. so ängstlich abwehrte, findet sich hier abermals eine lobende Kritik.

Dass es noch 1811 in Wien gegeben wurde, erzählt ein Brief Dorothea Schlegels an ihren Sohn Johannes Veit[3]): „Werners Söhne des Thals werden jetzt hier und zwar sehr gut aufgeführt, ich weiss nicht, nach wessen Bearbeitung, obgleich manches darin noch grossen Effekt macht, so ist das Ganze doch durch die vielen Auslassungen aus allen Fugen getrieben, und jede Schönheit steht für sich einzeln ohne Zusammenhang da."

[3]) Raich, Dorothea von Schlegel II p. 20.

Schlusswort.

Die „Söhne des Thals" zeigen uns, um zum Schluss, nach Verzeichnung ihrer äusseren Geschichte, noch einmal auf ihre Bedeutung als Dokument der romantischen Mystik hinzuweisen, die Trias, um die sich Werners Produktion überhaupt dreht, Religion, Wollust und Grausamkeit. Die erste stand im Mittelpunkt, die beiden anderen waren nur Begleiterscheinungen, so musste die Betrachtung des Stückes im wesentlichen eine Interpretation der romantischen Religion werden. Bei den folgenden, vor allem dem Kreuz an der Ostsee, Attila, Wanda und der noch nirgends betrachteten psychopathisch hochinteressanten Kunigunde bildet die Erotik, ihrerseits jetzt tingirt durch Religion und Grausamkeit, den Kern. Die Behandlung dieser Stücke würde Gelegenheit zu einer Analyse der romantischen Liebe geben.

Der Kreis, dem der aus ganz anderem Stoff, unter Goethes antimystischer Zucht geschaffene „24. Februar" ferner steht, schliesst sich wieder mit der „Mutter der Makkabaeer", dem letzten Werk Werners, das wie das erste in Folterwonnen grausam schwelgend die Seligkeit des religiösen Martertums verkündet. In beiden quillt

„Aus Blut und Dunkel die Erlösung."